O diário de Sofia

O diário de Sofia

Copyright by © Petit Editora e Distribuidora Ltda. 2002

9-3-10-1.000-36.000

Direção editorial: **Flávio Machado**

Assistente editorial: **Renata Curi**

Capa: **Flávio Machado**

Editoração: **Ricardo Brito**

Produtor gráfico: **Vitor Alcalde L. Machado**

Revisão: **Sabrina Cairo**
Maria Aiko Nishijima

Impressão: **Prol Editora Gráfica**

Ficha catalográfica elaborada por
Lucilene Bernardes Longo – CRB-8/2082

Arueira, Nina (Espírito).
O diário de Sofia / do espírito Nina Arueira ; psicografado por Alceu Costa Filho. – São Paulo : Petit, 2002.

ISBN 978-85-7253-087-3

1. Espiritismo 2. Psicografia 3. Romance espírita
I. Costa Filho, Alceu II. Título.

CDD: 133.9

Impresso no Brasil, no verão de 2010.

Prezado(a) leitor(a),

Caso encontre neste livro alguma parte que acredita que vai interessar ou mesmo ajudar outras pessoas e decida distribuí-la por meio da internet ou outro meio, nunca deixe de mencionar a fonte, pois assim estará preservando os direitos do autor e, consequentemente, contribuindo para uma ótima divulgação do livro.

O diário de Sofia

Narrado pelo Espírito
Nina Arueira

Psicografado pelo médium
Alceu Costa Filho

petit editora

Rua Atuaí, 383/389 – Vila Esperança/Penha
CEP 03646-000 – São Paulo – SP
Fone: (0xx11) 2684-6000
www.petit.com.br | petit@petit.com.br

CONFORME NOVO ACORDO ORTOGRÁFICO

Livros psicografados pelo médium Alceu Costa Filho:

Com o Espírito Nina Arueira

– *O diário de Sofia*
– *Uma flor do nosso jardim*
– *Compromissos de um coração*

Com o Espírito Cornélio Pires

– *Ao entardecer de uma existência*
– *O tempo de cada um*
– *Histórias divertidas do Vô Simplício*

Com o Espírito Xisto Vinheiros

– *Nas margens do grande rio*
– *Do amor nasce o perdão*
– *Os valores e o tempo*

Com o Espírito Filipe

– *Entre amigos*
– *À sombra da luz*
– *Razões para um dia feliz*
– *Na poeira dos séculos*
– *Para vocês com saudade*
– *Memórias da mediunidade*
– *O portal da consciência*
– *Ser feliz: uma conquista pessoal*

Agradecimentos

Aos amigos e irmãos do Cenáculo Espírita Fraternidade, encarnados e desencarnados, que nos possibilitam ser um simples instrumento na divulgação de nossa Doutrina. Muitos amigos se foram, outros estão ausentes por imposição da distância física, mas todos que de mim se aproximaram e que deixaram ensinamentos que me proporcionaram a oportunidade de servir. A minha esposa, Simone, dedicada companheira, mão amiga, ombro fraterno, meu sincero reconhecimento, a quem dedico, em nome de nossos mentores espirituais, os louros de nossa conquista como espíritas. A meus filhos, meu eterno reconhecimento. A Filipe, nosso amigo, orientador e mentor espiritual, nosso pedido de perdão por sermos ainda um instrumento tão insignificante de comunicação entre os dois planos da vida.

A Nina, nossa eterna gratidão. As casas espíritas que a tem como mentora e orientadora, o nosso respeito e carinho. A todos aqueles que de alguma maneira fizeram ou fazem parte de minha jornada de aprendizado, o meu muito obrigado...

...as palavras nem sempre podem
expressar os sentimentos do coração.
Obrigado, Nina!

Alceu Costa Filho
Belo Horizonte, abril de 2002

Prefácio

Depois de ocorridos, os fatos e os acontecimentos, assim como a verdade, caminham inalterados sob a influência do tempo. Todos possuímos nossa verdade, fruto de fatos que marcaram nossa vida no passado, edificando o nosso presente. A Doutrina Espírita, em sua função esclarecedora, conduz o homem encarnado pelas trilhas da verdade e do esclarecimento mediante um farto material literário que tem sido colocado à disposição de seus seguidores, facilitando-lhes o aprendizado e a evolução. Irmão e amigo, aproveite bem as páginas deste livro que chega às suas mãos, considerando-as sempre mensagens endereçadas a você por Deus! Ninguém foge dos compromissos regeneradores que nos possibilitam entender e vivenciar a Doutrina Cristã. O amor, princípio básico da evolução, sempre vivenciado nestas páginas, quando alimentado pela ação benfazeja do estudo, nos conduz à prática, com resultados de reforma íntima e com sementes de amor e fé.

Em *O diário de Sofia*, a vida nos ensina, por meio da história dos espíritos que compõem o conteúdo, que a fé em Deus transforma dor em aprendizado, tristeza em alegria, esperança em realização. E, quando as lágrimas molharem a sua face, irmão querido, veja-as como manifestações felizes de seu ser a traduzir-se em palavras de seu coração, como louros da conquista da paz sobre o desespero, do amor sobre ódio, de sua vitória com Jesus na conquista de seu amanhã!

Em seu apostolado cristão, nossa querida Nina Arueira confirma seu papel de coluna de sustentação da fé em Cristo, largamente difundida nesta obra. Com seu exemplo de fé, ela é um marco na história de nossa Doutrina.

Deus lhe pague, querida Nina.

Haja paz, com Jesus,

Filipe

BELO HORIZONTE, 10 DE JULHO DE 2001

1

"Eu quero, eu preciso.
Oh, meu Deus, eu preciso me levantar!"

"É impossível para mim saber se lá fora é noite ou é dia. Há quanto tempo estou presa a este leito? Não sei precisar. Só me recordo da forte dor de cabeça e do zumbido que me fez perder a consciência, que só vim recobrar aqui no hospital! Digo recobrar, mas é parcialmente, pois vejo e ouço todos sem conseguir movimentar nem mesmo as mãos. Até quando, meu Deus, vou ficar assim? Quantos aparelhos, quanta ansiedade, quanto medo! Será que eu morri? Será que chegou minha hora? Como saber? Aí vem a enfermeira novamente. Tenho tentado conversar com ela, mas é tudo em vão. Não consigo movimentar meus lábios nem emitir nenhum som. Oh, meu Deus, ajude-me!"

A enfermeira, confiante de que eu a ouvia, à medida que conferia os instrumentos, falava:

– E então, Sofia, vamos viver? Você é forte. É uma garota tão linda! Lute, menina, não se entregue ao desânimo! Muitas pessoas a amam e esperam que volte o mais rápido possível; afinal, já faz quinze dias que você entrou em coma. Pense em Deus; todos têm rezado muito por você, mas é preciso que queira viver. Vamos, menina. Lá fora está um dia lindo!

"Eu quero, eu preciso. Oh, meu Deus, eu preciso me levantar!"

De repente, ouvi uma outra voz:

"Acalme-se, Sofia. Procure controlar-se. Não existe o fim. É só uma mudança de estado. E quem lhe garante que já é chegada a sua hora? Mesmo que não me veja ainda, acredite: estou sempre por aqui. Eu e muitos outros amigos estamos sempre por aqui para ajudá-la. Vamos rezar, Sofia, pois Deus não nos priva da ajuda de que necessitamos".

Quem era ele? Não sabia. Mas sempre que o ouvia eu me acalmava. Lentamente adormeci ouvindo as orações. Quando despertei, estava mais calma e confiante; continuava no hospital, presa ao leito e a todos os aparelhos. Sentia-me sozinha, e o barulho quase silencioso dos aparelhos era para mim um tormento. Onde estaria a enfermeira que conversava comigo? E aquela voz amiga que me acalmava? Oh, meu Deus, estava sozinha novamente. Passei a chorar convulsivamente, talvez de medo, de desespero. Quem sabe? Tentei me mover, mas só fiz aumentar o barulho dos aparelhos ligados a mim; então me resignei às lágrimas.

Ouvi o barulho da porta se abrindo e mamãe entrou acompanhada de Selminha, minha amiga desde os meus primeiros passos. Observei-as. Elas choravam em desespero, ao passo que eu relembrava alguns fatos que marcaram os dias alegres que passara junto delas. Meu vestido azul-claro era lindo! A leveza do tecido me fazia voar pelos meus sonhos de debutante naquela noite. Eu estava linda! Era assim que eu me sentia e sem dúvida estava, pois, em comparação às outras cinco debutantes, eu era a mais cortejada pelos rapazes e estava ganhando a aposta que fizéramos. Foi uma noite linda, inesquecível, em que muitos sonhos deram vida a meus pensamentos; foi uma interminável noite de sonhos em que me tornei uma princesa, tendo a meus pés um reino e súditos. Quem poderia avaliar o que se passava no meu coração naquela noite? Sabia intimamente que ela era única e queria vivê-la intensamente, o que me fazia ser a mais notada e feliz. A dor do mundo, a miséria, as lágrimas, a fome, para mim, naquele momento, nada mais eram do que acontecimentos existentes em um outro mundo; afinal, era a minha noite de quinze anos! Lá estava Selminha, minha amiga de muitos anos, a confidente, a companheira, aquela que me ajudou com meu primeiro namorado. Seu vestido rosa contrastava com sua pele morena, bronzeada pelo sol, pois acabara de chegar da casa dos avós que viviam no campo em uma confortável fazenda.

"Selminha, minha amiga, ajude-me. Ouço e vejo todos, mas ninguém me atende e meu corpo se recusa a atender às minhas ordens. Por favor, minha amiga, ajude-me!"

Selminha, captando as vibrações de minhas palavras, falou à mamãe:

– Parece que foi ontem, dona Leda, que estávamos comemorando quinze anos, e já se passou um ano e meio. Não consigo esquecer a alegria de Sofia naquela noite. Seu rosto sempre alegre e sorridente dava mostras de que vivia em um outro mundo, bem diferente do de agora, sem dor e sem sofrimento, só de alegria e de sonho. Não consigo me conformar, dona Leda, com a ideia de ela não mais acordar. Por quê, dona Leda? Por que Deus faz isso com a gente?

Mamãe só chorava, e nada respondeu. Agitada, confusa e tensa, empreendi um grande esforço na tentativa de abraçar Selminha, mas o máximo que consegui foi movimentar alguns dedos, resultado este que nem foi percebido por nenhuma das duas. Desmaiei. Não sei realmente o que houve, mas perdi a consciência! Só voltei a mim quando uma voz conhecida pronunciava meu nome com carinho:

– Sofia. Hei, Sofia. Vamos tomar um banho, menina? Seja boazinha e continue a viver, está bem? Sabe, ontem senti saudade de você. Estava de folga e não pude vê-la. Soube que sua mãe esteve aqui com uma amiga sua. Espero que tenha ficado contente. Seus cabelos são lindos, menina. Qual a cor de seus olhos? Vejamos se acerto. Sua mãe tem olhos claros, e seu pai, olhos castanhos. A cor de seus cabelos é igual a de seu pai, sua boca é como a de sua mãe, mas você se parece mais com seu pai. Seus olhos são castanhos! Acertei? Hei, Sofia: e o namorado?

Ele já esteve aqui? Quero conhecer o privilegiado. Como você está ficando cheirosa! Um banho faz bem. Pronto, minha querida! Agora vamos virar um pouco. Assim! Você não fala nada, mas sei que está aí e que qualquer dia vai se sentar na cama e conversar bastante. Eu conheço você, menina. Ou melhor, meu coração conhece. Hoje estou com mais tempo livre. As outras duas pacientes que estavam aqui desistiram de ficar na Terra. Assim, posso cuidar mais de você!

Será que Nair – era esse o nome da enfermeira – acreditava em tudo o que estava falando? Realmente sabia que eu estava ali? Não havia como eu saber, mas sua presença me fazia um grande bem, pois me dava esperança de continuar viva. Quantos dias já haviam se passado? Selminha e mamãe teriam voltado e eu não as teria visto? Gostaria que mamãe me ouvisse. Queria contar tanta coisa para ela! Precisava do seu colo, de suas mãos a afagar meus cabelos. Precisava ouvir as histórias de sua juventude. Precisava adormecer e sonhar que era sua amiga naquele tempo. Precisava sonhar com papai jovem e bonito a cortejá-la sob o olhar atento de vovó Constância. Oh, mamãe! Sentia o cheiro gostoso do bolo que nos servia no café da tarde quando tudo era sonho, alegria e projetos. Quanta saudade, mamãe, da minha infância, das brincadeiras, de minhas bonecas! De Brígida, minha boneca favorita. Esperava poder revê-la, pois estava bem guardada junto com algumas roupas daquela época.

"Nair, não vá embora. Fique comigo. Estou com medo."

"Calma, Sofia, nós estamos aqui, e me garantiram que hoje você conseguirá me ver. Basta que se esforce um pouco", falou uma voz tranqüilizando-me.

"Quem é você? Ou melhor, o senhor?"

"Um amigo que a ama muito e que tem rezado por você!"

"Como se chama? Eu o conheço?"

"Pode me chamar de Mário. Acho um bonito nome. Você não acha? Nós nos conhecemos, sim. Somos amigos antigos. Você não se lembra agora, mas com o tempo se lembrará!"

"Fico feliz que alguém me ouça. Mas como pode ser? Não consigo falar com ninguém e com o senhor eu consigo? Será que estamos mortos?"

"Sofia, minha filha, não é hora de falarmos nesses pequenos detalhes. Mas, para que não fiquem dúvidas, vou tentar esclarecê-la: veja tudo como se fosse um grande sonho; você está dormindo e eu faço parte desse sonho. Isso é a realidade: ali está seu corpo adormecido, em coma, e aqui estamos nós como personagens de seu sonho real."

Antes de poder compreender direito o que meu amigo Mário queria me dizer, ouvi a voz de Nair:

– Sofia, voltei. Trouxe um livro e vou lê-lo em voz alta para que você possa escutar. Se não gostar, pode falar que eu paro, senão acharei que está gostando. Está bem assim?

Nair colocou uma cadeira perto de minha cabeceira e, com o livro nas mãos, iniciou sua leitura. Desviei minha atenção de Nair e procurei por Mário, porém não o encontrei. Nair lia bem perto de meus ouvidos, mas, mesmo assim, não conseguia me concentrar no que ouvia. Há quantos dias eu estava ali? Onde estariam mamãe e papai? Por que não estavam junto de mim? Oh, meu Deus, quando isso iria acabar?

Nair parou a leitura e comentou:

– Lá fora está uma noite tão feia, menina. Está relampejando muito, com promessa de muita chuva! Quanta gente vai sofrer se cair essa tempestade? Quantas pessoas não têm o conforto de um teto para morar? Por outro lado, a chuva é uma bênção para a terra.

Então era noite, e choveria! Eu nunca tivera medo de relâmpagos nem de trovões.

"Nair, cante alguma coisa. Estou ficando com sono. Senhor Mário, Nair, não me deixem sozinha. Acho que vou dormir."

2

"Então papai está lá fora! Oh, meu Deus, obrigada! Papai, quanta saudade! Enfim vou poder abraçá-lo."

Acordei com o barulho dos trovões. Foi quando percebi que meu sono obedecia a curtos períodos. Nair ainda estava lendo seu livro, agora silenciosamente, e isso me deu alguma segurança, pois não estava sozinha.

Meu pensamento vagava buscando respostas e fazendo premonições quanto ao meu amanhã. Como era possível estar acontecendo aquilo justamente comigo, que ainda tinha uma vida pela frente? Seria Deus justo como pregam todas as religiões? Custava a acreditar que tudo teria um fim! Ouvi a voz amiga de Mário e, em seguida, ele tornou-se visível[1] para mim.

"Deus é sempre misericordioso, Sofia, e nunca abandona Seus filhos, especialmente em momentos de dor e sofrimento!"

"O senhor escuta meus pensamentos?"

Mário deu um sorriso e comentou:

"Vamos fazer o seguinte, Sofia: daqui para frente, nada de senhor. Vamos nos ver muito, e eu não sou tão velho assim! Quanto a escutar seus pensamentos, não o faço. É você que, na maioria das vezes, como ainda não tem total domínio sobre seu perispírito,[2] dá-lhes forma e vida."

"Um momento, sr. Mário. Não entendi nada do que falou!"

"Esqueça, minha querida. Mas nada de senhor daqui para frente. Estamos combinados?"

---

1. Os espíritos de ordem elevada apresentam um corpo perispiritual mais sutil. Para se fazerem visíveis entre nós, utilizam-se de fluidos densos, extraídos do ambiente terrestre, modificando, provisoriamente, a condição do seu perispírito, dando a ele a forma que mais lhes convém. (Nota do Editor.)

2. Perispírito: substância vaporosa semimaterial, que serve de primeiro envoltório ao espírito e liga a alma ao corpo. Nos encarnados, serve de intermediário entre o espírito e a matéria. Nos espíritos libertos do corpo físico, constitui-se o seu corpo fluídico. (N.E.)

"Está bem", respondi.

Mário e Nair, cada um habitando o seu mundo, eram para mim espíritos protetores, em especial porque eu estava vivendo dividida entre dois mundos, o material e o espiritual. Pensava nisso enquanto me esquecia da presença deles e me entregava novamente às interrogações:

"Será realmente verdade tudo o que estou passando? E se eu não acordar desse sonho?"

Estava assim, absorvida em meus pensamentos, quando Nair se levantou e disse:

– Vou sair mas não demoro, Sofia. Está na hora de visitar outros leitos! No quarto ao lado estão mais três jovens: dois garotos e uma menina linda. Mas no máximo em quinze minutos estarei de volta.

Nem percebi quando Nair saiu e fechou a porta. Suas palavras me causaram um grande impacto:

"Então existem mais doentes como eu? Jovens também. Como será que estão lidando com o problema da doença?"

Nesse momento observei Mário, que me estendia a mão, convidando-me a levantar-me. Instintivamente tentei erguer meu corpo. Foi quando Mário, sorridente perante minha inocente atitude, afirmou:

"Você não precisa do seu corpo para se movimentar, Sofia, embora ainda esteja ligada a ele!"

"Como não preciso, Mário? Não estou compreendendo!"

"Seu corpo, Sofia, é apenas o vestuário de sua alma, que lhe permite transitar entre os homens, fazendo parte de sua sociedade. Seu espírito é livre, e não necessita dele para se locomover entre nós."

"Realmente devo estar sonhando. Tudo é muito confuso!"

Mário, sempre com um sorriso nos lábios, não me contestou. Pacientemente permaneceu ali, a observar-me. Em certo momento ouvi um ruído e imaginei ser Nair que estava de volta, mas, quando dei por mim, vi um garoto de mais ou menos doze anos. Estava de pé ao lado de minha cama e me falou:

"Moça, como você está? Não estou vendo nenhum machucado em você. Por que está aqui?"

Assustada com a visita inesperada, sentei-me no leito sem perceber e falei:

"Quem é você? O que está fazendo aqui?"

"Meu nome é Sérgio e estou machucado. Fui atropelado enquanto empinava pipa. Estou dormindo no quarto aqui ao lado. E você? Por que está aqui?"

"Acho melhor você ir embora, garoto! Tem gente que não vai gostar de ver você aqui no meu quarto."

"Não estou fazendo nada de errado. Só queria saber quem estava aqui."

Entre resmungos e reclamações, Sérgio se dirigiu à porta e foi recebido por uma senhora que me cumprimentou sorridente e o guiou pela mão. Só então percebi que estava sentada na cama, enquanto meu corpo permanecia deitado! Fiquei espantada, e o impacto da surpresa me deixou paralisada por alguns segundos; em seguida, retomei a minha posição.

"Meu Deus, que loucura", pensei.

Nisso Nair, que retornara ao quarto e estava parada em frente ao meu leito, comentou:

– Você se mexeu, menina! Isso é um bom sinal. Não adianta tentar me enganar. Veja, seus pés estão descobertos e eu sempre os mantenho agasalhados. Ah, menina, você ainda está por aqui. Graças a Deus!

Nair tinha razão: meus pés estavam descobertos, quando eram sempre mantidos agasalhados por ela. Isso era um bom sinal como ela dissera? Eu não saberia explicar.

"Estou ficando com sono novamente. Nair, meu amigo Mário, não saiam daqui. Não me deixem sozinha."

Um barulho no quarto me fez acordar. Nair não estava por perto. Uma outra enfermeira me dava um remédio pelo soro que estava ligado a meu braço. Era como se eu não estivesse ali. Não me dirigia uma única palavra. Ela fazia tudo de forma mecânica e totalmente ausente do ambiente. Quando ela se preparava para sair, a porta se abriu e Nair entrou no quarto, para espanto da enfermeira, que lhe disse:

– Você ainda não foi embora, Nair?

– Tentar eu tentei, mas está faltando uma funcionária na sala de cirurgia e a supervisora me convocou para trabalhar mais este turno, substituindo você, que irá prestar serviço no centro cirúrgico.

– Mas por que eu e não você, Nair?

– Porque você está descansada e lá se exige mais serenidade. Eu não daria conta.

– É sempre assim: a corda sempre arrebenta do lado mais fraco mesmo. Esta paciente já foi medicada. Faltam os outros quatro do setor ao lado. Trabalhar no CTI é moleza. Nenhum doente reclama. Assim é fácil fazer hora extra. Olhe para esta menina: vai acabar ficando aqui a vida toda.

– Não fale assim, Estela. Ela está ouvindo e também tem nome, um bonito nome. Chama-se Sofia. É minha amiga.

– Não sei como você consegue apegar-se tanto aos pacientes, Nair! Eu, quando termino meu plantão, esqueço tudo e todos e procuro viver minha vida. Sei lá se amanhã não serei eu que estarei aqui!

– Vá, Estela. Já a chamaram até pelo alto-falante. Você vai se dar bem lá no centro cirúrgico.

– Tenho certeza, Nair. Um bom plantão para você e melhoras para você, viu, Sofia?

Nair, visivelmente nervosa com a atitude da colega, fez a verificação dos medicamentos para, em seguida, de posse da bandeja com os vários remédios, sair silenciosamente do quarto.

Novamente sozinha, deixei meus pensamentos me conduzirem no tempo. Lembrei de quando papai nos levou, de férias, para passar alguns dias na praia. Eu estava com quatorze anos, e aquele verão foi lindo. Selminha foi conosco, depois de muita insistência de minha mãe com dona Rita, mãe dela. As duas combinaram que, quando voltássemos, mamãe e eu iríamos junto com elas passar alguns dias na fazenda dos avós de Selminha.

Naquele verão namorei pela primeira vez. O nome do garoto era feio, mas ele era lindo! Saíamos, Selminha e eu, todas as tardes para passear. Era quando me encontrava com Amantino, enquanto Selminha ficava vigiando, no caso de papai ou mamãe aparecer. Foram quinze dias maravilhosos! Pena que meu namoro durou apenas cinco dias, pois Amantino era muito atrevido e mandão. Coisa de menino com mania de homem! Então deixei de ir a dois compromissos marcados com ele e nunca mais nos vimos. Acho que a família e ele foram embora!

O retorno de Nair ao quarto me levou de volta à realidade. Assustei-me quando ela comentou:

– Tenho de arrumá-la, menina. O doutor vem aí e não pode vê-la assim. Vou escovar um pouco seus cabelos. Desculpe-me se machucá-la.

Nair passou uma toalha úmida no meu rosto, escovou meus cabelos – dentro do possível, é claro – e me recompôs na cama. Em seguida, saiu, retornando alguns minutos depois com o médico: um senhor já bastante idoso acompanhado por mais dois bem mais jovens. Após me examinar e conferir as anotações, ele comentou com os colegas:

– O quadro está estacionado. Não houve progresso nem regressão no mal. Talvez a cirurgia seja a única solução plausível, mas me mantenho temeroso quanto à extensão do problema. Vamos aguardar mais algum tempo. Ela é jovem e merece essa chance. Provavelmente, se ela tivesse a minha idade ou a de vocês, já estaria bem longe daqui! São os mistérios que a ciência ainda não conseguiu desvendar! Entre os jovens, as reações sempre são imprevisíveis. Podemos chegar aqui na próxima semana e a encontrar tomando sorvete na lanchonete. Bem, mas no momento vamos fazer pequenas alterações na medicação para ver se conseguimos modificações favoráveis em seu quadro clínico. Nair, assim que sairmos, permita a entrada do pai dela, que está aí fora, e, por favor, identifique para mim, em relatório, a frequência cardíaca dela durante essa visita e no momento em que ele sair. Não se esqueça de identificar com clareza no relatório que foi um pedido meu.

"Então papai está lá fora! Oh, meu Deus, obrigada! Papai, quanta saudade! Enfim vou poder abraçá-lo."

3

"Como é bom ter o senhor por perto, papai! Tenho confiança de que o senhor vai resolver essa situação e logo estarei novamente em casa."

Os médicos demoraram ainda mais alguns minutos antes de se retirarem. Conversaram sobre a doença da qual eu era portadora. Mas dei pouca atenção ao que falavam; afinal, papai tinha chegado e ia resolver tudo, como sempre fazia. Lembrei-me de quando minha bicicleta quebrou. Fiquei o dia todo sem poder brincar; à noite, não consegui dormir enquanto papai não chegou, e, depois de abraçá-lo, contei-lhe o problema. Ele me garantiu que pela manhã tudo estaria resolvido, como de fato aconteceu no dia seguinte. Estava com onze anos e a mania era brincar de bicicleta na rua tranquila onde eu morava. Selminha era minha vizinha.

"Papai vai dar um jeito de me tirar daqui. Tenho certeza de que não vai se conformar em deixar-me sozinha. Quem sabe acordo desse sono cheio de sonhos mirabolantes."

Assim que o doutor saiu, Nair correu para me arrumar novamente, enquanto comentava:

– Vou deixá-la bem bonita para seu pai. Se você pudesse sentar, ficaria bem mais fácil. Oh, menina, de onde eu conheço você? Por que sinto tanta simpatia por você? Assim está melhor! Pronto, você está ótima! Fique firme aí com esse coraçãozinho que vou buscar seu pai.

Foi o mais longo minuto de minha vida, mas papai finalmente entrou no quarto acompanhado de Nair, que comentou:

– O senhor pode ficar à vontade. Estarei do lado de fora. E não precisa se preocupar com nada. Está tudo normal e ela passa muito bem.

Quando Nair saiu, esperei que papai fosse abraçar-me, desligar todos aqueles aparelhos, me recolher nos braços, como quando eu era criança, e me levar para a casa. Mas, ao contrário disso, ele ficou ali, parado em pé, a olhar-me, sem dizer uma só palavra.

"Como você é lindo, papai! Estava enganada quando o via somente como um velho enrugado. Suas mechas de cabelos brancos lhe dão um ar de seriedade."

Ele não era um velho rabugento, não! Era meu pai! Teria sido ótimo conhecê-lo quando mais novo, sem tantas obrigações e compromissos.

"Abrace-me, papai. Por favor, abrace-me."

Só então ele voltou a si, e só mais tarde compreendi que seu silêncio era de dor por me ver presa àquele leito. Sua voz soou como a própria esperança quando ele se dirigiu a mim:

– Filha, filhinha, você está bem? Estamos com saudade. Quando você vai se levantar daí? Me desculpe se eu chorar, coisa que você nunca viu, pois eu sempre tive o cuidado de esconder, mas, para mim, é muito triste vê-la nesse estado e nada poder fazer.

Papai se aproximou e carinhosamente passou a acariciar-me o rosto e os cabelos, enquanto algumas lágrimas molhavam seu rosto maduro.

"Como é bom ter o senhor por perto, papai! Tenho confiança de que o senhor vai resolver essa situação e logo estarei novamente em casa."

Como se me ouvisse, papai falou:

– Filhinha, sinto-me um fraco por não poder livrá-la desse mal. É difícil, minha filha, sentir-se impotente quando mais precisamos e queremos resolver uma situação. Nunca me senti assim antes, e, justo agora que você precisa muito de mim, não consigo ajudá-la. Sua mãe tem rezado todos os dias; às vezes, durante quase o dia todo, quando não está chorando. Antes de entrar, conversei lá na portaria com um senhor e me informei se poderia ficar alguém aqui com você. Fui informado que não, pois o quarto é pequeno e comporta três pacientes. Mas, pelo que vejo, você está sozinha. Vou voltar e insistir para que alguém fique aqui com você.

Papai calou-se, na esperança de uma resposta, e, por mais que me esforçasse, eu não conseguia sequer abrir os olhos. Ele continuou ali, de mãos dadas comigo a acariciá-las, cabisbaixo, sem dizer nem mais uma palavra, e, embora soubesse que ele estava chorando, eu não conseguia ver seus olhos, pois ele se colocara estrategicamente, de forma que eu não podia ver o seu rosto.

"Papai. Ah, papai! Sinto tanta falta de vocês. Do meu quarto, da rotina de casa. O que faço, papai?"

Nesse instante ouvi uma voz amiga. Era Mário, que se tornou visível para mim e falou:

"Olá, Sofia! Então, está com visita? Seu pai é um homem bom e também um velho conhecido meu".

"Mário, por favor, me ajude a conversar com ele, me ajude pelo menos a abrir os olhos para que ele saiba que eu estou viva!"

"Ele sabe, Sofia. Pode estar certa de que ele sabe."

"Mas não é justo! Deus não pode fazer isso comigo!"

"Fique calma, Sofia, e confie. Os acontecimentos que nos envolvem criando situações muitas vezes dolorosas, como a que você vive no momento, fazem parte da colheita de cada um, e não há como fugir disso. Procure olhar pelo lado positivo, aprendendo a valorizar mais a vida, tudo e todos que dela fazem parte, especialmente aqueles que compõem o seu restrito mundo individual. Deus está presente em todo momento, Sofia. Veja que você ainda mantém a lucidez, mesmo não tendo o domínio sobre seu corpo, enquanto muitos acompanham e sentem todas as dores que são impostas ao corpo. Por isso, agradeça a Deus em lugar de reclamar, minha filha! A situação pela qual você passa é um momento de sublime aprendizado para todos nós, incluindo seus pais e amigos. Estejamos confiantes em Deus e esperemos pelo amanhã, que certamente nos trará novas e grandes realizações."

Mário se calou e, envergonhada, desviei meus olhos dos seus, procurando os de papai. Já refeito, mas com os olhos vermelhos, ele me falou:

– Vamos sonhar um pouco, minha filha? Ou melhor, vamos programar uma bela viagem à fazenda dos avós de Selminha? Vamos, Sofia? Assim que você melhorar, eu lhe asseguro que vamos até lá. Dona Rita já me fez prometer. Vai ser ótimo, minha menina! Veja se consegue vencer esse mal e voltar a ficar conosco.

"Eu prometo, papai. Eu juro que vou conseguir! Não sei o que houve nem como superar este momento, mas vou vencer. E, além do mais, não estou sozinha. Tenho dois amigos que muito têm me ajudado. Mário, que disse ser seu velho conhecido. Quando eu puder, vou pedir mais detalhes a ele. E a enfermeira Nair, minha protetora aqui. Ela tem sido meu anjo da guarda. Acho que ela não é casada, pois nunca a ouvi falar de filhos, marido ou problemas domésticos. Só sei que ela tem sido minha segunda mãe, papai."

Nesse momento, alguém bateu à porta e aguardou. Papai retirou um lenço do bolso, passou pelo rosto e enxugou os olhos, para só em seguida ir atender. Era Nair com uma bandeja nas mãos. Dirigindo-se a papai, ela falou:

– Trouxe um lanche para o senhor. Não estou apressando a visita, mas o tempo já se esgotou, e, se chegar alguém, o senhor está a lanchar, por isso permaneceu mais alguns minutos. Sua presença faz muito bem a ela!

– Obrigado, senhora, mas não vou lanchar. Não tenho condições.

– Estou certa disso, mas pelo menos use o lanche como pretexto para ficar junto dela mais um pouco.

– O que a senhora acha do estado dela? O doutor comentou alguma coisa? Talvez, como está aqui acompanhando tudo, a senhora possa me acalmar um pouco, dando-me alguma esperança.

– Sempre existe uma chance, sobretudo na idade dela. Não sou médica, mas já vi recuperações incríveis quando todos os recursos não mais adiantavam. Ela está bem. O doutor falou numa possível cirurgia como recurso final, mas ainda não se definiu, pois o mal deixou de progredir. Acho que em mais um dia ou dois teremos uma definição, com a ajuda de Deus.

– A senhora acha que a operação seria o melhor?

– Como lhe disse, não sou médica; sou apenas uma enfermeira que conta com a experiência do dia a dia. E, acima de tudo, também amo muito esta menina, mesmo sem ela nunca ter me dirigido uma palavra. Vejamos a cirurgia como uma possível solução, e não como um mal. Vamos continuar fazendo nossa parte e esperar a determinação de Deus. Acho que ela é dona de grandes chances de recuperação.

– Fico mais tranquilo e agradeço pelo interesse. Existe alguma coisa que possamos fazer pela senhora em agradecimento à sua atenção com a minha menina?

– Estar junto dela me é o suficiente, mesmo porque lá fora não tenho ninguém mesmo. A vida não me permitiu viver com os meus entes queridos mais do que alguns poucos anos. Fiquei viúva quando completei cinco anos de casada e minha filha tinha dois aninhos.

– Sinto muito. Como é mesmo o nome da senhora?

– Nair.

– Sinto muito, dona Nair. Mas e sua filha? Não vive com a senhora?

– Não, senhor. O bom Deus determinou que ela acompanhasse o pai quando fomos vítimas de um acidente de ônibus; só eu escapei. Ela seria hoje bem mais velha que sua Sofia se estivesse por aqui; para ser mais precisa, estaria com vinte e três anos. No começo sofri muito, mas encontrei

Deus na religião, e desde esse dia compreendo que não somos donos nem de nossa vida; assim, como podemos querer possuir privilégios sobre a vida dos outros?

– O que a senhora está falando é uma realidade, porém muito difícil de aceitar.

Os dois continuaram a conversar por mais alguns minutos. Não me importei de não ser mais o alvo das atenções, pois a simples presença de pessoas em meu quarto, e queridas, me fazia feliz e trazia de volta a rotina do dia a dia.

Nair, por fim, despediu-se de papai, garantindo-lhe que estaria presente a meu lado em todos os instantes. Ela se retirou, pedindo que papai também o fizesse. Mário permanecia fiel, com sua presença, sempre no mesmo lugar, sentado em uma cadeira esquecida e encostada na parede a cerca de dois metros de meu leito. Sempre sorridente, transmitia uma paz contagiante que me fortalecia. Quando papai me beijou a testa e se despediu, Mário comentou:

"Vamos, Sofia. Dê-lhe um sorriso para que ele possa ir mais tranquilo. É só fazer um esforço. Vamos. Eu a ajudo!"

Senti as mãos de Mário sobre minha cabeça, e uma vontade enorme de me comunicar com papai tomou conta de mim, quando então ouvi seu comentário alegre:

– Você está sorrindo, Sofia? Graças a Deus. Dona Nair tem razão: você ainda está conosco! Obrigado, minha filha, muito obrigado pela esperança que você me deu. E não tente me enganar. Isso foi um sorriso, sim! Sua mãe e Selminha vão ficar felizes quando lhes contar. Fique com Deus, minha filha. Amanhã estarei de volta, e espero esse sorriso novamente. Fique em paz, minha menina!

A porta se fechou e papai desapareceu.

"Estou sozinha novamente", pensei.

"Não diga isso, Sofia. Ainda resta este velho amigo por aqui!"

"Não sei como conseguiu fazer isso, mas dei um sorriso para ele!"

"Eu nada consegui. Foi você, Sofia. O mérito é todo seu. Além disso, não seria justo deixá-lo partir sem que você demonstrasse o amor que sente por ele. Minha querida, é hora de esquecermos um pouco de nós e nos voltarmos para Deus em prece. Você me acompanha?"

"É claro, Mário! Hoje estou me sentindo bem mais calma. Preciso ter mais fé em Deus."

"Foram muitas as surpresas até agora, mas muitas outras ainda estão reservadas para você hoje. Basta apenas que confie em Deus como Pai e Senhor."

4

Voltei ao tempo atual e lá estava Mário, com um sorriso alegre nos lábios.

Durante a prece de Mário um sono diferente tomou conta de mim. Era como se estivesse vendo um filme do qual fazia parte. A praça estava cheia, e o cheiro de mar indicava que estávamos perto dele. Atrás do casario antigo, pude notar os mastros dos navios, que confirmaram minha previsão. Muitos negros acorrentados com seu corpo desnudo estavam amontoados em um canto. À nossa frente, a praça fervilhava de pessoas. O burburinho era intenso. Vendedores ambulantes gritavam oferecendo vários produtos:

de verduras e animais até tecidos importados. Senhores bem-vestidos eram carregados em liteiras[3] por escravos. Senhoras trajando longos e enfeitados vestidos se misturavam ao vaivém de marujos de diferentes nacionalidades. Encontrávamos meu pai e eu – que não era o mesmo de hoje, embora suas feições me lembrassem alguém muito querido – sentados no alto de um palanque. À minha frente havia um grande livro em que valores eram anotados.

Estávamos na Bahia, uma das muitas portas de entrada de escravos no Brasil; a época não saberia precisar. Meu pai era um leiloeiro de escravos, todos recém-chegados, desembarcados em praias próximas, longe das autoridades. Trêmulos, famintos e assustados, eles eram conduzidos até o palanque, isso depois de limpos e de terem seu corpo untado com óleo, para que ficassem reluzentes à luz do sol, valorizando-os mais. Meu pai fazia a venda entre lances e propostas, mas nunca fechava uma venda sem antes me consultar, pois eu trazia em meu livro o valor de cada negro. E bastava um olhar, um aceno com a cabeça, para que ele entendesse o sim ou o não.

3. Espécie de cadeirinha coberta, sustentada por dois longos varais e conduzida por dois animais ou dois homens, um colocado à frente e outro colocado atrás. (N.E.)

O cheiro forte do esgoto, em sua maioria a céu aberto, e dos detritos da feira misturava-se à brisa do mar, o que amenizava um pouco aquele odor desagradável, tão comum em dia de forte calor. Repentinamente, vi-me caminhando por ruas íngremes em direção àquele que seria o meu lar, levando na bolsa os lucros do dia, enquanto papai ficara para trás, bebendo e comemorando com os amigos e com outros negociantes, entre eles muitos marujos e capitães. A lembrança daqueles rostos, jovens e maduros, estava gravada em minha memória. O choro desesperado proveniente da separação das famílias também.

Corações apaixonados que viam destruídos todos os seus sonhos; crianças a chorar pela falta da proteção dos pais; estes a clamar pelos filhos; mãos estendidas ao céu; lágrimas; gemidos; apelos desesperados; o barulho estridente da chibata, e, ao cair da noite, a praça voltava à calma e os negociantes, como meu pai, comemoravam com seus fornecedores os lucros. Eu não conseguia apagar de meus pensamentos essas lembranças. Estava em casa, em pé, de frente para a janela, olhando o mar distante. Era ainda jovem e não atingira a casa dos vinte anos. Fortes dores de cabeça dificultavam meu equilíbrio. Enquanto me apoiava na janela procurando respirar o ar que faltava aos meus pulmões, uma forte dor no peito fez-me cair no chão.

Agora, caminhava por uma estrada escura e era perseguida por negros revoltados que juravam vingança. Eu corria desesperada, chamando por Deus e fazendo apelos de perdão.

Voltei ao tempo atual e lá estava Mário, com um sorriso alegre nos lábios.

"Como pode isso, um sonho dentro de outro sonho?", comentei, dirigindo-me a Mário, que prontamente me respondeu:

"Não foram sonhos, Sofia, mas sim uma realidade vivida por você em outra época, uma visão de uma de suas vidas passadas. Mas não fique preocupada. No momento certo você entenderá o porquê disso tudo".

"Vidas passadas, Mário? Não entendo nada sobre isso. Estou cansada. Quero voltar para casa, ser novamente Sofia com seus dezesseis anos, viver, sorrir, cantar, sonhar. Quero viver!"

Fiquei chorando por um longo tempo e não mais vi Mário, porque realmente não queria vê-lo, embora tivesse certeza de que ele estava ali, junto de mim. Ele representava uma realidade que eu lutava para esquecer. E Nair? Por onde andaria? Era dia ou noite? Por quanto tempo dormira? Queria me levantar dali. E qual foi meu espanto ao ver que estava de pé, ao lado de meu leito, e meu corpo permanecia imóvel com os olhos fechados. Naquele momento não quis saber detalhes. Caminhei em direção à porta e, para minha surpresa, não precisei abri-la. Saí, atravessando-a, e deparei-me com um corredor à minha frente. Tinha a intenção de sair correndo em direção à minha casa, mas meu espanto foi ainda maior quando rapidamente atingi a porta de entrada e desci correndo os degraus. Deparei-me com um grande número de pessoas, algumas chorando, outras machucadas e deitadas no chão. O quadro era assustador. Fiquei paralisada. Foi quando duas senhoras se aproximaram de mim e uma delas falou:

"Deixe de ser irresponsável, menina. Desocupa logo aquela cama para dar lugar para nós. Não vê que somos idosas e estamos jogadas aqui no frio? Você é muito mal-agradecida. Conseguiu uma cama quentinha e fica fazendo pirraça igual a uma criancinha. Vá logo embora ou então vê se morre e dá a vaga para nós. Tenho certeza de que vamos tirar muito mais proveito dela do que você."

Corri de volta para o leito, temerosa pela ação das duas mulheres. Fiquei assim por um longo tempo, até que Nair entrou no quarto e falou:

– Teve uma boa noite, Sofia? Hoje estou de folga, mas me ofereci para ficar aqui com você e a supervisora concordou. Vivo sozinha mesmo! Aqui pelo menos tenho companhia! Trouxe dois bons livros que vou ler para você. Seu pai e sua mãe devem vir hoje, e vou deixá-la bem-arrumada para o horário de visita! Mas o que houve com você? Ninguém a cobriu à noite? Já entendi, você se movimentou. Bom sinal, menina! Deixe-me conferir o relatório da enfermeira da noite. Aqui diz que você se descobriu três vezes essa noite. Doutor Celso vai gostar de saber disso! Nós vamos vencer, menina, nós vamos vencer, com a ajuda de Deus!

Nair passou a arrumar-me. Escovou meus cabelos, lavou meu rosto com água morna, trocou minha roupa de cama. Em pouco tempo eu estava "limpa e perfumada", como gostava de dizer sempre que acabava de cuidar de mim.

– Estou arrumando você mais cedo hoje para ver se o dr. Celso nota a melhora com mais facilidade. Gostei muito de seu pai. É uma pessoa muito simpática. Ele me lembra muito meu marido: o modo de falar, os cabelos e até mesmo os olhos. Sabe, minha menina, ontem, quando saí daqui, fui rezar por você. Espero que tenha sentido meus pensamentos.

Enquanto Nair falava, eu reunia em meus pensamentos tudo o que me acontecera na noite anterior, desde a imagem querida de papai quando me visitou até o momento atual. Arrepiei-me toda em me lembrar daquelas duas mulheres, do mercado de negros, da estrada escura, daqueles que queriam se vingar de mim. O que seria aquilo? Sonho ou realidade, como me dissera Mário? Era muita coisa de uma só vez! Como poderia Deus ser justo se permitia que aquelas pessoas fossem vendidas como animais, que fossem arrancados do seio da mãe os rebentos que ainda estavam a mamar? Separar corações que se amavam. Não via nenhuma ação da Justiça Divina naquilo tudo! O mesmo acontecia comigo, presa àquele leito, vendo fantasmas e conversando com gente que já morrera! Lembrei-me de quando mamãe me mandava dar esmolas a uma velhinha que passava lá em casa, às vezes até três vezes na semana. Eu ficava feliz em ouvi-la dizer:

– Deus lhe pague, minha filha. Deus lhe dê vida, saúde e um bom casamento.

Sempre acreditei que, fazendo a caridade como nós fazíamos, estávamos garantindo para nosso futuro a realização de nossos sonhos. Mas, ao que parecia, as palavras da velhinha não foram ouvidas por Deus, pois, pelo que percebera, estava entre a vida e a morte, portanto sem a vida e a saúde que ela me desejava e sem o bom casamento. Este estava totalmente fora de cogitação. Então perguntei a Deus:

"Onde está Sua justiça que me obriga a deixar de viver minha juventude para ficar presa a esta cama, quando muitos da minha idade desfrutam do prazer de viver? Que me deixa experimentar o mundo lá fora e depois me proíbe de sair? Dá-me o conforto de um lar e o carinho de pais queridos e me proíbe de desfrutar. Onde, meu Deus, está Sua intervenção?"

Nesses instantes ficava de ouvidos atentos a espera de respostas. Nair me fez voltar à realidade com suas palavras:

– Sabe, menina, aqui neste hospital nós temos uma ala onde ficam as crianças pobres. Lá é tão triste, Sofia! A maioria é abandonada pelos pais que não têm como criá-las; quando adoentadas, elas se tornam mais dispendiosas para as famílias. Algumas quase nunca recebem visitas. O único carinho que recebem vem das enfermeiras que cuidam delas. É de dar pena, minha menina. Agradeça a Deus por ter familiares e pessoas que muito a amam e preocupam-se com você. Apesar do mal que a atormenta no momento, você é muito feliz. Pense muito nisso, minha menina. Assim que você acordar, vou levá-la para conhecê-las e para que ofereça um pouco de carinho a elas. Isso vai fazer muito bem a você. Não sei por que estou lhe falando tudo isso. Talvez seja porque todos nós temos uma forte tendência de ser mal-agradecidos com Deus quando achamos que merecemos mais do que temos. Mas Deus é muito justo, minha menina, e nunca abandona Seus filhos. Aprendi que a vida nos dá e a vida nos toma quando perdi meu marido e minha filha. No início me revoltei, mas hoje fico pensando: "Se acredito em Deus, por que duvidar de Seus desígnios?"

Minha amiga Nair se calou, e lágrimas silenciosas traziam uma mensagem de seu coração para Deus. Estava envergonhada de mim mesma e esperava que Deus estivesse me ouvindo naquele instante, pois a resposta às minhas interrogações estavam nas palavras amigas daquele coração de mãe e esposa. Lembrei-me de mamãe, que me mandava rezar todas as manhãs antes de eu sair para a escola. Como fui errada! Poucas vezes a obedeci!

"Que se faça a Sua vontade, meu Deus, acima da nossa."

Iniciei minha prece solitária consciente de que Deus me ouviria e me daria forças para entender tudo o que se passava, bem como o Seu amor para comigo.

5

"Mas é muito difícil, Mário, esquecer de tudo. Diga-me se já é chegada a minha hora de morrer."

Envolvida pelas vibrações de minha prece, notei a presença de Mário em seu lugar habitual. Como eu, ele mantinha seus olhos fechados e certamente seus pensamentos voltados para Deus, me acompanhando solidário. Ao término de minha prece, ainda com os olhos cheios de lágrimas, me dirigi ao amigo querido:

"Mário, perdoe-me. Tenho me sentido muito insegura ultimamente. Não me deixe sozinha. Você é o único com quem eu posso conversar!"

"Não se preocupe, Sofia. Eu nunca saio de perto de você. Esta é minha obrigação. Mesmo quando você não me vê, fique certa de que estou por perto. Não só eu, mas também outros amigos queridos que você soube cativar em outros tempos! Linda prece, menina, e suas palavras foram sinceras. Tenho certeza de que muita coisa vai mudar em seu coração a partir deste momento."

"Mas é muito difícil, Mário, esquecer de tudo. Diga-me se já é chegada a minha hora de morrer."

"Isso é desígnio de Deus, Sofia. Mas vamos ser realistas: você está em coma há dezessete dias e só agora apresenta alguma melhora. Procure aproveitar bem os benefícios que a situação lhe proporciona, procurando na dor que assola o seu coração os ensinamentos que Deus lhe envia. Não tenha medo, minha querida. Estamos todos sob a proteção do Pai e de Seus mensageiros! Nossa função a seu lado é ajudá-la na compreensão dos acontecimentos do momento, como eternos compromissados que somos pelos laços fraternos que nos unem há muitos séculos. Minha mão amiga e meu ombro solidário estarão sempre presentes a seu lado, e em breve você compreenderá a grandiosidade da Justiça Divina, que permite reencontros em exercício do amor, em substituição ao ódio, construindo um amanhã de paz para todos nós! Por hora, viva, minha menina, acredite na vida, seja ela em corpo de carne ou em espírito, e ame a Deus e a dor que a visita nos dias de hoje; assim vencerá as difíceis noites de seu passado, quando o sol da fé vier visitá-la no amanhecer que se aproxima."

Nair terminara de me arrumar e, sentada, estava pronta para iniciar a leitura de um dos livros quando se voltou para mim, dizendo:

– Que é isso, menina? Chorando por quê? O que significam estas duas lágrimas? Nada disso! Estou aqui do seu lado e não quero vê-la chorando. Vou enxugar seu rosto.

Pacientemente Nair passou a limpar meu rosto, não conseguindo conter suas próprias lágrimas. Fomos interrompidas pela chegada do doutor e de seus dois assistentes:

– Bom dia! Como está nossa paciente hoje? – perguntou o médico aproximando-se de mim.

Enquanto isso, Nair passava para as suas mãos uma prancheta contendo as anotações em forma de relatório. Parecia-me que era de fácil compreensão para o doutor, que franzia as sobrancelhas enquanto lia. A conversa entre eles nunca me interessava. Por isso, enquanto trocavam ideias, entreguei-me ao sono suave que me envolvia. Misteriosamente vi-me de volta à cidade em que meu pai era leiloeiro e comerciante de escravos. Agora era outra época: as mesmas ruas, as mesmas casas, mas outras pessoas transitavam por ali. Um quadro triste se apresentava para mim: uma mulher de aproximadamente vinte e cinco anos chorava copiosamente olhando algumas fotografias. Pela vestimenta escura que trajava, pude identificar que estava de luto. Silenciosamente a ouvi reclamar, por entre abundantes lágrimas:

– Oh, meu Deus. Que crimes cometi para merecer tanto sofrimento? Primeiro, a dor da viuvez, com a morte de meu querido. Sozinha não consegui, nem à custa de muito trabalho extra, recursos para criar meus dois meninos, um de dois e outro de três anos. Agora essa doença que me destrói por dentro e me obriga a me separar deles. Meu Deus, deixe-me morrer sozinha. Não quero ir para nenhum sanatório. Quero morrer aqui, onde vivi com meus filhos e meu marido, no meu lar.

Enquanto a ouvia, observava seus traços e aos poucos a identifiquei como sendo eu mesma em outra vida. Um de seus filhos era meu pai da atualidade, porém ainda criança. Repentinamente o quadro se alterou e me vi sozinha em meus últimos momentos de posse daquele corpo. A naturalidade com que visualizava essa nova situação dava-me mostras de minha confiança em Deus, agora renovada e fortalecida.

Vi minha vida, dor e morte por duas vezes nesses meus sonhos, e tudo era completamente diferente do que eu era e representava hoje. Mas, nessa última vida, papai estava ali como meu filho e eu o doei a outras pessoas por não ter como alimentá-lo e por não querer transmitir minha doença a ele, e assim também o fiz com meu outro filho. As longas noites de trabalho extra na máquina de costura me presentearam com uma tuberculose. Quando morri, tinha vinte e cinco anos. Papai, que era meu filho, tinha dois, e seu irmão, três. Meu pai atual nunca me contara detalhes de sua vida. Fiquei a me perguntar se ele me perdoara quando eu era sua mãe, dona Rosalinda.

Vagarosamente fui despertando, e ainda pude ouvir o doutor dar as últimas instruções a Nair:

– Não se esqueça, Nair: vindo aqui o pai ou a mãe, mande-o procurar a administração, pois não podemos operá-la sem uma autorização por escrito do responsável.

Quando o doutor saiu, Nair ficou pensativa por um tempo e mesmo sem ter certeza de que eu a ouvia, comentou:

– Tenho boas notícias, menina. O doutor mandou eliminar a medicação. Em pouco tempo você poderá abrir os olhos e saberemos como você se sente, para em seguida definir se será necessário operá-la. Vamos confiar, minha menina. Tenho certeza de que seu anjo da guarda está aí do seu lado e lhe dará toda a força.

Realmente alguma coisa estava sendo feita, pois podia sentir as modificações. Sensações de calor e frio percorriam meu corpo e me sentia mais cansada, o que me obrigava a ficar deitada junto de meu corpo. Com o passar de algumas horas, comecei a sentir os mesmos sintomas do mal que me levaram àquele hospital: fortes dores de cabeça e dores no peito, que dificultavam a minha respiração e faziam com que eu movimentasse meu corpo. Emitia tristes e constantes gemidos, enquanto Nair, preocupada, esmerava-se na conferência dos instrumentos e nas anotações. Haviam se passado oito horas desde que o dr. Celso mandara retirar o soro e, consequentemente, a medicação que me sedava. Mas as dores eram insuportáveis. Com muito custo, abri os olhos de meu corpo físico e falei com dificuldade:

– Nair, estou aqui! Ajude-me, Nair. Minha cabeça e meu peito doem muito.

Desmaiei em seguida para só despertar horas mais tarde, já com tudo normalizado. Nair acariciava minhas mãos enquanto falava:

– Você nos deu um grande susto, menina. Mas fiquei feliz em ouvi-la falar meu nome. Enfim, vi a cor de seus olhos. São castanho-claros, iguais aos de seu pai. Ele e sua mãe estiveram aqui. Espero que você os tenha visto. Sua mãe chorou muito, mas seu pai conseguiu confortá-la! Selminha também esteve aqui e conversamos muito. Ela me contou muitos segredos e peraltices de vocês! Espero que tenha visto os três. A experiência do doutor não deu certo. À medida que você ia despertando do coma induzido, sua situação tornava-se de risco. As dores voltaram e você ficou realmente muito mal. Então chamei o doutor, que determinou que retornássemos com a medicação, e tudo voltou ao normal.

Nair prosseguia com seus comentários, enquanto de mãos dadas com Mário eu me voltava para Deus em prece:

"Senhor, fazei com que eu compreenda Seus desígnios, respeitando Suas determinações e retirando delas o ensinamento de que preciso para continuar".

6

Algumas lágrimas apareceram no canto de meus olhos e Nair achou que era por causa da leitura.

Adormeci durante a prece e me vi de volta à praça na qual se realizava o leilão de escravos. Naquela manhã, um casal de negros chamou minha atenção. Reparei na preocupação deles, ainda jovens, com o casal de filhos. Normalmente, nos minutos que antecediam ao leilão, eu examinava de maneira detalhada a "mercadoria" para avaliar os preços mínimos de venda, mas me detive a observar o casal que misteriosamente chamava minha atenção. O carinho para com os filhos, a atenção entre eles e a preocupação em esconder a nudez de seu corpo e a dos filhos faziam-me entender que ali não estavam simples nativos retirados de sua tribo, mas pessoas educadas e civilizadas. Já havia conhecido outros, mas a cor da pele deles para mim os definia como escravos. Porém, aquele casal mexeu comigo, e em meu coração brotou uma vontade súbita, movida pelo remorso talvez, de ajudá-los. Durante toda a manhã até o meio da tarde evitei que subissem ao palanque ou que alguém os separasse. Quando chegamos ao término do último lote, Antenor, o capataz que nos auxiliava prestando seus serviços como disciplinador, conduziu o casal e os filhos até minha presença e falou:

– A srta. dona Menina – era assim que todos me chamavam, embora meu nome não fosse esse – quer que eu separe eles ou vai vender junto?

– Não, Antenor. Estes quatro eu vou levar para mim. Não vou vender.

– Me desculpe, srta. dona Menina, mas seu pai não vai gostar!

Pouco me importei com as afirmações de Antenor. Paguei ao dono dos quatro uma quantia bem abaixo do que valiam, alegando que mães com filhos pequenos tinham pouco valor comercial, pois, quando separadas destes, normalmente morriam de desgosto e, se não fossem separadas, pouco produziam, uma vez que as crianças requeriam muita atenção. O francês que era o dono deles não discutiu. Vendo o dinheiro, aceitou minha oferta e desapareceu na multidão! Chamei por papai e expus meus propósitos, que não foram bem recebidos. Ele alegou falta de serviço para tanto negro, já que nossa morada era pequena. Demonstrou ainda preocupação com o aumento da despesa com mais quatro bocas para alimentar. Então apresentei minha intenção de assumir as despesas, assim como fizera na compra deles. Com a parte dos lucros que ganhava, fiquei com eles sob minha responsabilidade! Papai, que nunca discutia minhas vontades, mesmo quando eu criava algum empecilho, concordou! Instalei o casal no porão de nossa casa, fazendo-os saber que me prestariam serviço, mas já lhes concedendo alforria de soltura para partirem quando bem quisessem. Essa era uma forma de diminuir o remorso que já dominava o meu coração. O rosto deles me era totalmente estranho, nunca os tinha visto, mesmo porque vieram do outro lado do mundo. Mas em meu íntimo sentia-os conhecidos e queridos em meu coração.

Uma mudança rápida na situação me levou de volta a meu quarto no hospital. Mário ainda estava a segurar minha mão. Nair lia seu livro em voz alta.

"Outro sonho", pensei. "Será que fui tão ruim assim? Algo me diz que tudo isso é verdade e que não tenho como fugir dela. O que será que foi feito daqueles quatro negros? Será que foram embora antes de minha morte, naquela tarde?"

Procurei esquecer do sonho. Parecia ouvir uma música suave, vinda não sei de onde, que me mantinha calma e reconfortada. Dei asas a meus pensamentos e passei a lembrar de minha vida como algo já muito distante da realidade que vivia no momento. Os colegas da escola; o bate-papo despreocupado com as amigas; a hora do intervalo; os finais de semana, nos quais Selminha e eu sempre tínhamos uma festa para ir e um de nossos pais sempre chegava para nos buscar pontualmente no melhor momento da festa. Tempos de sonhos e fantasias que marcaram a realidade da minha adolescência e me faziam conhecer a saudade. Será que Rosângela ainda namorava o Serginho? E Sandra? Será que tinha conseguido reatar com o Duarte? E Marcos? Será que ainda se lembrava de mim? Engraçado como me habituara com as balas e os chocolates que ele me levava, e eu os aceitava como prêmio, deixando que ele alimentasse o sonho de um dia ser meu namorado. Como será que a vida continuara para eles sem mim? Conforme já pudera perceber, a vida não parava. Ela continuava como um trem em movimento, enquanto nos mudávamos de um vagão para o outro, vivendo momentos e situações das quais não podíamos fugir, como passageiros que éramos. Mas chegava a um ponto em que não havia mais nenhum vagão disponível: chegávamos ao último. Quando saltávamos do trem, este prosseguia sua viagem e iniciávamos outra etapa de nossa vida. Aqueles que ficavam no trem passavam a ser lembranças de nosso passado. Já me conformara com a situação. Se não tinha direito a uma vida normal, de uma adolescente de dezesseis anos, era porque não fizera por merecer, adquirindo esse direito. Não que Deus estivesse a me castigar pelos meus erros, mas eles faziam parte da minha bagagem, da qual não podia simplesmente me desfazer.

O engraçado era que todos esses pensamentos afloravam naturalmente, como se estivessem adormecidos dentro de mim. Mas me sentia bem assim! Sem revolta, mágoas ou remorsos. Alguém estava me ajudando a lembrar e a compreender tudo isso. Talvez Mário, não sei. Mãezinha! Como era bom lembrar de minha infância junto dela. Sentia que, se me esforçasse um pouco, conseguiria retornar ao tempo em que vivia dentro dela, pela facilidade que a situação me oferecia, mas preferia ser criança, ter três ou quatro anos, e ser cuidada por ela, receber o beijo carinhoso de papai, segurar em suas mãos grandes e passear pela rua onde tudo também era grande: as árvores, as pessoas, os carros, os animais, os outros meninos e até mesmo a minha Brígida, que era grande demais para ser minha boneca.

Mas o tempo passara e descobrira que tudo tinha um tamanho normal, que eu é que era muito pequena. Que pena, mamãe, que tudo passava e nós crescíamos. Lembrei-me dos primeiros dias no hospital, quando julgava ser tudo um grande mal. Naquele momento já sabia que muitos outros sofriam como eu, e às vezes até mais, e compreendia que não era um grande mal, que a minha compreensão de Deus e da vida é que ainda era muito pequena, que me faltava conhecimento. Mãezinha! Sentia que não poderia voltar a correr pela casa nem lhe dar os netos que prometera. Mas Deus sabia o porquê, e nós compreenderíamos isso com o tempo, mais tarde. Tinha certeza disso! Paizinho! Naquele momento, tinha a convicção de que não conseguiria atender às exigências dele para ter um genro.

Brincando, ele afirmava que, se não fosse torcedor do mesmo time de futebol pelo qual ele torcia, não serviria! Sabia que não ia partir naquele dia, mas sabia também que não voltaria ao colégio, que meu pai não mais teria de me buscar nas festinhas de final de semana e que ele não teria de ir me visitar no hospital. Prometi a eles que, quando chegasse a hora, eu avisaria antes.

Algumas lágrimas apareceram no canto de meus olhos e Nair achou que era por causa da leitura. Assim, fechou o livro e afirmou:

– Que livro danado de triste! Ainda bem que não é realidade, não é mesmo, Sofia? Vou sair um pouco, mas volto já. Vou ver se consigo um livro mais alegre.

Quando Nair saiu do quarto, Mário falou:

"Sou suspeito para falar, mas Nair tem um bom coração. Ela sempre foi assim".

"Você a conhece há muito tempo, Mário?"

"Há muito tempo, minha menina. Há muito tempo nos conhecemos!"

"E a mim? Você me conhece? Ou melhor, eu conheci você?"

"Sim, a alguns anos atrás."

"Ah, mas aí eu nem tinha nascido!"

"Eu sei, minha menina. Mas vamos aproveitar que Nair saiu e dar um passeio em um jardim aqui perto?"

"Mas como, Mário?"

"É simples, minha querida: basta querer, assim como você fez quando quis voltar para a casa e chegou até a parte externa do hospital. Venha! Me dê sua mão que eu a ajudo. O lugar aonde vou levá-la é lindo, e talvez Selminha esteja lá esperando por você! Vamos, menina. Peça a Deus forças por meio da prece."

Em pouco tempo Mário me conduzia, e eu não precisava dar nenhum passo. Rapidamente ganhamos a rua, onde a luz da lua, com suas estrelas companheiras, a tudo iluminava. Sem nenhum esforço, consegui afirmar do fundo de meu coração: "Obrigada, meu Deus!"

Chegamos a uma grande praça onde extensos jardins floridos impregnavam o ambiente com um perfume inigualável. Simetricamente distribuídos, os canteiros repletos de flores misturavam-se à grama verde e bem cuidada. Pedras traçavam caminhos entre as flores, sempre nos conduzindo a pequenas ilhas em meio ao verde, onde bancos acomodavam grupos de pessoas a dialogar alegremente.

Impressionada com o que estava vendo, voltei-me para Mário e, antes que eu pudesse falar qualquer coisa, ele afirmou:

"Esqueça os detalhes, minha menina, e aproveite o momento. Aqui estão reunidos muitos corações que vivem situações semelhantes à que você vive atualmente, e os demais são instrutores espirituais ou afetos que, aproveitando o sono do corpo físico, se encontram com seus entes queridos. Vou ficar aqui neste banco. Por que não se aventura a dar alguns passos sozinha?"

Respirei profundamente buscando equilibrar-me e ensaiei os primeiros passos. Foi quando passou rente a mim um senhor amparado por uma jovem. Pude ouvi-lo comentar:

"Você viu, minha filha? É uma mocinha ainda! E, se está aqui, seu corpo está em algum hospital. Por essas e outras é que não acho Deus justo!"

Lembrei-me de quando pensava assim e da insegurança que me mantinha presa ao leito. Comparei isso com a felicidade de possuir a confiança em Deus e com a oportunidade que a fé me proporcionava no momento. Pensei em voltar e afirmar àquele senhor que estava feliz e que Deus estava sendo justo comigo, mas não o localizei entre tantos. Continuei a caminhar, e mais alguns passos adiante me detive a observar um grupo de quatro jovens como eu, que conversavam animadamente alguns metros à minha frente. Repentinamente um deles se virou e, olhando fixamente para mim, afirmou:

"Olha ela ali! É Sofia!"

Liderados por Selminha, eles me abraçaram alegres. Experimentei a alegria do reencontro, esquecendo até mesmo de que não estava na Terra. Sorrimos e choramos para em seguida nos acomodarmos sentados na grama, onde permanecemos em uma alegre conversação até que, um a um, eles foram se retirando, depois de nos abraçarmos em despedida, sempre amparados por alguém, ficando por último Selminha. Foi quando Mário se aproximou e falou:

"Creio que já é hora, Sofia. Estamos aqui há quase duas horas e Selminha precisa partir. Mas pode lhe prometer uma surpresa para dentro de poucos dias".

Alguém que eu não conhecia amparou Selminha, e, após nos despedirmos entre lágrimas e promessas de amizade sincera, eles partiram rapidamente. Só, procurei o ombro de Mário, indo despertar já no hospital, com Nair deitada ao meu lado, na cama que ela cuidadosamente arrumara horas antes. Mário voltou à sua cadeira e eu me perdi em meus pensamentos.

7

"Não tenha receios em falar comigo, Mário.
Sei que já morri outras vezes!"

Ainda envolvida pelas alegrias e surpresas do reencontro da noite, despertei quando Nair já estava em pé conferindo as medicações. Minha vontade era correr ao seu encontro e lhe contar as maravilhas vividas por mim na noite que se fora. Nair, como se ouvisse meus pensamentos, voltou-se para mim e comentou:

– Não sei por quê, mas acho que você teve uma ótima noite, menina. Hoje tenho algumas novidades e espero que você entenda, Sofia! O doutor decidiu operá-la e seus pais concordaram.

Está tudo programado para agora de manhã. Se Deus quiser, você vai se sair bem dessa, menina! Agora tenho de prepará-la. Não é nada doloroso, mas tenho de raspar seu cabelo para evitar infecção e facilitar o trabalho do doutor.

Grossas lágrimas eclodiam de meus olhos enquanto Nair raspava meu cabelo. Não eram de revolta, mas, como uma jovem mulher, eu perdia um importante instrumento utilizado pela vaidade feminina. Tentava me consolar, afirmando para mim mesma que se esse era o preço que teria de pagar para que tudo voltasse ao normal, que estava tudo bem! Nair sofria mais do que eu. Estava a lamentar, não poupando palavras:

– Tem horas em que essa vida castiga muito a gente. Uma menina tão nova sofrendo tanto! Meu Deus, é muito sofrimento para esta criança.

Nesse momento, vi Mário se aproximar de Nair e a envolver num abraço. Em seguida, ela se calou, depois de fazer um curto e significativo comentário:

– Está bem, Senhor, seja feita a Sua vontade aqui na Terra como no Céu!

Papai e mamãe foram me ver cedo, quando Nair ainda me preparava. Choraram bastante. Estavam muito abalados. Acho que a cena os impressionou. Saíram rapidamente, após me beijarem! Nair continuou seu trabalho enquanto Mário, agora em companhia de duas jovens senhoras, conversava em um canto do quarto. Em seguida, ele se aproximou de mim e comentou:

"Sofia, a operação deve durar de quatro a seis horas. Nesse período, você vai ficar sob os cuidados destas duas amigas; eu e outros companheiros estaremos auxiliando o doutor em seu trabalho, para que tudo transcorra bem."

Enquanto Mário conversava comigo, fui colocada em uma maca e conduzida pelo mesmo corredor por onde caminhara algumas horas antes, quando meu amigo me proporcionara momentos de alegria e felicidade no reencontro com meus colegas. Estranhamente, vi-me de pé, amparada pelas duas amigas de Mário, enquanto meu corpo, unido a mim por um extenso fio, entrava na sala de cirurgia. Não vi mais nada.

Lentamente, fui abrindo os olhos e notei que não estava no mesmo quarto de antes. Muito mais aparelhos estavam ligados a mim. Eu nada sentia, mas podia notar a palidez de meu corpo e o fato de minha cabeça estar toda enfaixada, o que me deixou preocupada. Onde estaria Nair que não estava a meu lado? E Mário?

"Não quero ficar sozinha. Por favor, meu Deus, não quero ficar sozinha."

"Você não está sozinha, Sofia. Estamos aqui."

Era a voz de Mário, que, com dificuldade, consegui ver ao meu lado.

"Já acabou, Mário?"

"Sim, Sofia. Já acabou."

"Onde está Nair?"

"Descansando, mas passará a noite ao seu lado! Dentro de pouco tempo vão retirá-la deste quarto e levá-la para o anterior. Aqui você está em observação, mas seu estado já inspira confiança."

Aliviada pela presença amiga de Mário, cedi ao sono. Quando despertei, já estava de volta a meu quarto no hospital. Nair encontrava-se sentada à minha cabeceira lendo um livro só para ela, pois não lia em voz alta.

"Desculpe-me, Nair. Mas, toda vez que você lê para mim, me dá sono e não consigo ouvi-la!"

"Ela não a ouviu, Sofia", falou-me Mário. "Mas assimilou suas palavras com carinho. Precisamos conversar, minha menina. Já se sente forte o suficiente para darmos um passeio?"

Diante de minha indecisão, Mário, como na noite anterior, me deu sua mão e me conduziu. Chegamos à praça, já minha conhecida, antes mesmo de o Sol se pôr no horizonte e nos acomodamos. Mário sentou-se no banco, e eu, sobre a grama. Muitas pessoas caminhavam ou formavam pequenos grupos. Mário esperou que eu ficasse mais à vontade e me falou:

"Estamos perto do hospital, mas em um plano diferente. Este é um local de refazimento, onde espíritos em fase de transição entre os dois mundos vêm buscar conforto e energia. Observe que muitos grupos estão unidos em prece. A operação que você sofreu, Sofia, por um lado foi um sucesso, pois foi possível restaurar a parte afetada, o que proporcionará a você um despertar sem dores no plano físico, mas por tempo limitado. Calculo de quinze a vinte dias para que um novo quadro se instale, e aí se dará o seu passamento. Minha missão ao seu lado, como já lhe afirmei, é ampará-la, preparando-a para esse momento, quando finalmente estará livre de seus compromissos na presente existência".

"Você quer dizer que vou morrer, Mário?"

"Procure ver a situação sob outro prisma, Sofia. Seu corpo deixará de existir, mas seu espírito, que é imortal, voltará livre para o nosso meio, de onde você está ausente há quase dezessete anos."

"Não tenha receios em falar comigo, Mário. Sei que já morri outras vezes!"

"Muitas, minha querida, muitas vezes. Todos nós já passamos por isso! É como o fim do ano letivo: a escola se fecha temporariamente e voltamos para a casa em tempo integral, até que outros cursos nos sejam oferecidos."

Calei-me, e uma preocupação me veio à mente:

"Como preparar os meus pais para o fato de terem de aceitar minha partida?"

"Você terá de quinze a vinte dias para isso, Sofia, e sei que conseguirá, pois sua fé, fortalecida nesses dias de aprendizado, lhe faculta garantias de sucesso."

Mário se calou. Preocupada, comecei a pensar:

"Então finalmente chegou minha hora. Vai ser bem difícil me desapegar de tudo: de meu lar, de meus pais que me amam, dos amigos que me dedicam amizade. E sou ainda tão nova! Pouco vivi, pouco desfrutei".

Enquanto estava perdida em meus pensamentos, notei um casal que passava. O senhor, já idoso, comentou com a jovem em que se amparava:

"Você se lembra, minha querida, quando lhe falei da menina? É esta aí! Não acho justo!"

Rapidamente me veio à mente a lembrança da noite anterior, quando pensei em procurar aquele mesmo senhor e explicar que estava muito feliz. Levantei-me e estendi a mão para cumprimentá-lo, ao que ele a cedeu de forma prazerosa. Então comentei:

"Não pude deixar de ouvir o seu comentário ontem e hoje, e sinto-me na obrigação de ajudá-lo a compreender o que se passa, se o senhor me permitir, é claro".

"Sim, moça. Estou mesmo curioso para saber o que faz uma jovem tão bonita aqui nesta fronteira."

"Realmente me preparo para o meu grande momento, mas isso não me preocupa, pois compreendi que tive tempo mais do que suficiente para realizar aquilo que estava previsto. Mas o que eu queria afirmar para o senhor é que sou uma pessoa feliz, muito feliz, aqui ou na Terra. No entanto, não fui sempre assim. Revoltava-me com facilidade e não enxergava as belezas ao meu redor, até que um dia compreendi que nada somos além de um velho baú cheio de roupas em desuso que insistimos em guardar. Então, meu senhor, voltei-me para Deus, e tentei, como ainda tento, assimilar Seus ensinamentos, e as coisas foram ficando cada vez mais claras para mim. Aconselho o amigo a fazer o mesmo. Volte-se para Deus e confie em Seus desígnios. Mas que fique registrado que sou muito feliz e que estou muito feliz com tudo o que tem me acontecido, graças ao bom Deus."

Ficamos em silêncio por algum tempo. Então, ele pegou minha mão, se despediu e afirmou:

"Para vocês que são jovens é tudo mais fácil. Enxergam tudo cor-de-rosa!"

Em seguida, saiu amparado pela mão amiga de sua acompanhante. Mário então se aproximou e comentou:

"Esse nosso irmão desde ontem não mais possui um corpo físico, mas ainda insiste que é seu direito fazer o que bem quer e pelo tempo que quiser, sem ter de dar satisfação a ninguém, nem mesmo a Deus. Sua preocupação com seus interesses é tanta que ainda não se deu conta dos acontecimentos à sua volta. Nem mesmo a filha que o ampara poderá interceder por ele se ele não se esforçar!"

"Então ele ignora que seu corpo morreu?"

"Em seu íntimo ele já sabe, minha menina, mas se recusa a aceitar. Todas as oportunidades lhe estão sendo oferecidas, e, como em nossa passagem pela Terra tudo obedece a uma disciplina de tempo em que o livre-arbítrio de cada um é respeitado, esperamos que nosso irmão modifique sua maneira de pensar antes que se esgote o prazo e ele perca a companhia da filha, que tem sido sua luz nessa estrada."

"Mário, há alguma possibilidade de se estender meu prazo na Terra?"

"Os desígnios de Deus são indiscutíveis. Mas, avaliando seu aproveitamento, não vemos necessidade de deixá-la presa à carne por mais tempo!"

"Presa à carne, Mário? E se eu estiver satisfeita por lá?"

"Muitos, por preguiça, se satisfazem com pouco, Sofia, o que acredito não ser o seu caso. Outros se esforçam muito por bens e aquisições transitórias, apegando-se à vida no corpo de carne, o que também não é o seu caso. Por isso minha afirmação 'presa': você se iguala a um pássaro ansioso pela liberdade."

Mário tinha razão: parecia-me que tudo tinha acontecido há muito tempo. Calei-me, fiz da grama macia meu leito e, de olhos fixos nas constelações que embelezavam o céu, adormeci ali.

8

"Mário, tive mais um daqueles sonhos. A imagem de Nair se misturava com a de uma negra que eu..."

Não sei quanto tempo dormi, mas acordei disposta e refeita, quando Mário, tomando-me pelas mãos, me conduziu por entre vários grupos de pessoas em direção ao meu quarto. Ao lado do meu leito encontravam-se o dr. Celso e Nair, que estava sendo instruída em seus procedimentos profissionais:

– A qualquer anormalidade pode me chamar, Nair; meu plantão se estende até às oito horas. O quadro dela é tranquilo e permanecerá assim por alguns dias, mas logo terá de ser sedada novamente, pois não suportará as dores. O mal cresceu, Nair, e já toma uma boa parte do cérebro. Fizemos o que nos era possível, mas o mal está forte, livre e absoluto, expandindo-se rapidamente. A ciência nada mais pode fazer além de poupar-lhe um pouco de dor.

Nair ouvia tudo cabisbaixa. Quando o dr. Celso saiu do quarto, ela não conseguiu conter as lágrimas e comentou:

– Tudo se repete, igualzinho ao que aconteceu com minha Brígida, quando me afeiçoei a ela e o Senhor a levou, meu Deus. Dê-me forças para conviver com isso novamente.

"Brígida", pensei. "Mas esse é o nome de minha boneca preferida, que guardo com muito carinho."

Mário, que ouvia tudo ao meu lado, pousou a mão sobre meus ombros e comentou:

"Sofia, minha querida, Brígida era o nome da filhinha de Nair. Ela desencarnou quando iniciava seus primeiros passos e suas palavras eram ainda distorcidas. Nair sofreu muito com a sua partida, pois, como você já sabe, naquela época ela perdeu dois preciosos tesouros de seu coração e, como quando se casara, ficou novamente sozinha. Nair foi criada em uma instituição de amparo a crianças e nunca conheceu nenhum familiar seu".

"Coitada de minha querida Nair, Mário! Sinto por ela um amor muito grande, de tamanha grandeza que às vezes fico a pensar se não fomos íntimas em outra existência."

"Os desígnios de Deus são perfeitos, minha menina. Buscando no passado as respostas, todos nós encontramos razões que justificam os afetos e desafetos que fazem parte de nossos dias atuais. Houve um tempo em que Nair viveu seu grande sonho de ter uma família. Casou-se, organizou um lar e junto do companheiro viveu os anos que lhe foram permitidos, alguns dos quais abrilhantados pela presença de Brígida, que foi sua conquista maior e final. Mas seu marido e sua filha também tinham um passado, e o presente lhes determinou a colheita obrigatória. Minha menina, vejo no brilho de seus olhos que está ansiosa por abraçar Nair. Faça-o, beije suas mãos e se acomode em seu colo, pois você foi Brígida, a filha querida de seu coração."

"O que você está me dizendo, Mário? Fui a filha de Nair?"

"Sofia, façamos uma prece."

Enquanto Mário fazia por nós a prece, de olhos fixos em Nair, como se um grande véu se levantasse, eu me vi ainda criança no colo dela. Vi-me sendo cuidada por ela. Vi os afagos carinhosos, a ternura e o carinho com que ela me ensinava as primeiras palavras, enquanto eu tentava imitar o movimento e o som de seus lábios:

– Vamos, queridinha. Repita comigo: mamãe, papai, titio.

Não pude me conter diante daquela visão e corri, em espírito, para seus braços, permanecendo abraçada a ela por um longo tempo, até que Mário, carinhosamente, conduziu-me ao descanso em meu corpo.

Lentamente, abri os olhos e vi Nair cochilando debruçada sobre meu leito. Algo diferente estava acontecendo. Sentia-me pesada, as costas doíam, o soro ligado ao meu pé me incomodava, tinha sede. Procurei por Mário e notei que minha visão do mundo era diferente, limitada a poucas cores, sem vida. O que estaria acontecendo comigo?

Ouvi a voz carinhosa de Mário a soar dentro de mim:

"Essa, minha menina, é a visão que tem o 'pássaro Sofia' em seu retorno à gaiola. Você está de volta ao seu corpo físico, mas continuamos perto de você".

Assustei-me e instintivamente tentei sentar na cama, fazendo com que Nair despertasse assustada:

– Meu Deus! Tudo bem, Sofia? Você está bem?

– Sim, Nair. Estou um pouco cansada, mas estou bem. Tenho sede.

– Você passou por uma operação muito difícil, mas se saiu bem. É melhor repousar mais um pouco. Vou buscar a água.

Nair levou a água que eu solicitara e me acomodou no leito. Antes de me perder em uma nova viagem ao passado por meio do sono, pude lhe dirigir algumas palavras que estavam presas à minha garganta:

– Eu sei quem é você e tudo o que fez por mim. Deus lhe pague e me dê tempo para retribuir todo esse carinho e amor.

Adormeci. Estava de volta ao meu antigo lar, na Bahia, novamente antes de minha morte naquela existência! O calor forte me fez buscar a brisa da tarde na janela. Foi quando observei as árvores frutíferas em nosso quintal e desci a escada seduzida pela imagem da goiabeira coberta de frutos na qual sanhaços e sabiás banqueteavam.

Apesar de estar absorvida em satisfazer minha gula, notei quando a escrava que eu havia comprado e alforriado há alguns meses se aproximou de mim, gesticulando. Apontava para a goiabeira. Entendi que ela pedia permissão para também apanhar alguns frutos. Fiz um sinal afirmativo com a cabeça e ela passou a escolher os mais bonitos e saudáveis frutos, colocando-os em uma pequena cesta, o que tomei como sendo a manifestação de um egoísmo desmedido. Parei de colher e fiquei a observá-la a encher a pequena cesta. Quando esta estava repleta, a escrava se aproximou e a colocou a meus pés, afastando-se ao encontro dos filhos, que nos observavam a distância. Se ela se voltasse e fixasse seus olhos em mim, veria que eu estava corada de vergonha pelo julgamento antecipado que fizera de suas atitudes.

Enquanto olhava para aquela jovem mãe, pude notar que a imagem dela, como o piscar de uma luz, era sobreposta pela de Nair. Assustei-me e a situação persistiu, o que me deixou confusa! A visão se desfez. Voltei a meu quarto no hospital, no qual Nair permanecia ao meu lado, com os olhos fixos em mim, e Mário, sentado em sua habitual cadeira, sorria. Aproximei-me dele e o interroguei:

"Mário, tive mais um daqueles sonhos. A imagem de Nair se misturava com a de uma negra que eu..."

"Não precisa continuar, minha menina. Vou satisfazer sua curiosidade. Nair foi sim aquela mãe que você salvou, juntamente com os filhos, dos martírios da escravidão há tanto tempo. Já naquela época existiam fortes laços que as uniam."

Abaixei minha cabeça e me acomodei em uma cadeira próxima à de Mário, enquanto observava meu corpo, vestuário de um espírito que tinha sido a fria e calculista srta. dona Menina, a pequenina e frágil Brígida e que naquele momento era Sofia, que estava prestes a despir-se daquele corpo e voar livre ao encontro de seu passado na alegre oportunidade dos reencontros do presente e, certamente, das alegrias do futuro. Segurei a mão de Mário e comentei:

"E você, meu amigo? Permanecerá a meu lado nesses dias em que estarei me despedindo do meu corpo?"

"De forma constante, Sofia! Você não terá dificuldades em ouvir-me ou ver-me. Estamos por demais unidos sob a bênção de Deus!"

"Se Deus permitir, com tempo e meios, gostaria de passar aos meus atuais amigos e familiares tudo o que tenho vivido e aprendido nesses dias em que estou em coma."

"Quem sabe, Sofia? Deus é dono de sábias decisões que muitas vezes demandam tempo para serem tomadas em razão da incompreensão dos envolvidos."

Coloquei minha cabeça nos ombros de Mário e passei a pensar na alegria de meus pais e na de Selminha ao me verem acordada. Mal podia esperar essa hora. Deus realmente era todo perfeição. Então, Nair e eu estávamos ligadas pelos laços do amor que uniram um dia mãe e filha e, voltando mais ainda no passado, pelo gesto de agradecimento daquela mãe que eu, por orgulho ou remorso, salvara, juntamente com sua família. Só Deus sabia o teor das respostas, mas o importante era que estávamos juntas. Onde mamãe e Selminha, e também Mário, teriam feito parte de minha vida ou onde e quando eu teria feito parte da vida deles?

Mário interrompeu meus pensamentos e falou:

"Sofia, o dia está nascendo e com ele uma nova etapa em sua vida. Está confiante, menina?"

"Mário, me leve para ver o sol nascer antes de acordar em meu corpo!"

Mário, então, me conduziu pelas mãos. Pude sentir o calor da vida aquecer meu espírito, enquanto sua luz me permitia observar a grandeza de Deus a expressar-se na pequenina gota de orvalho caída na pétala da flor à minha frente. Enquanto isso, duas outras gotas brotavam de meus olhos, trazendo a mensagem enviada por meu coração, que dizia:

"Obrigada, meu Deus, pela bênção da vida e pela felicidade de poder conhecer o amor".

9

– Vou lhe contar alguns sonhos que tive e você vai ficar abismada, minha amiga!

Acordei. Nair, prestativa, se movimentava pelo quarto entre uma atividade e outra, enquanto eu não a perdia de vista.

Tinha vontade de lhe contar tudo o que se passara. Mas será que ela compreenderia? Talvez até me considerasse desequilibrada em conseqüência de minha doença. Mas gostava tanto dela!

Mário, que estava a meu lado, falou:

"Não se prive, Sofia, de demonstrar carinho e amor. Só os recusam aqueles totalmente voltados para o mal".

As palavras de Mário tiveram uma ação decisiva, e então me dirigi a Nair:

– Que horas são, Nair?

– Já passa das sete.

– Você nunca tem folga, Nair?

– Por que a pergunta, menina?

– Durante todo esse tempo que estou aqui, não me lembro um momento em que eu não tivesse a alegria de sua companhia!

– Como pode a menina saber disso se estava dormindo a maior parte do tempo?

– Nair, dê-me sua mão. Sei de sua dedicação, de suas lágrimas, de seu amor por mim, de suas dores e da saudade que sente de seu marido e de Brígida.

Nair me abraçou e comentou:

– Você nem me conhece e eu fico envolvendo-a em meus problemas de foro íntimo.

– Não pense assim, Nair. Deus nos reserva muitas surpresas a cada dia que nasce, e tenho certeza de que nos próximos dias elas serão tão boas como as que vivemos agora. Temos muito a conversar, Nair, e o sentimento que nutro por você é de filha para mãe; pode estar certa disso. Mas e meus pais? Quando virão ver-me? Estou ansiosa para abraçá-los!

– Talvez à tarde, menina. Depende do doutor liberar as visitas. Deve ser ele que está batendo à porta.

A porta foi aberta, permitindo a entrada do médico, que como sempre estava acompanhado de seus dois assistentes, já conhecidos meus.

– Desculpe a porta trancada, doutor, mas estava arrumando a menina – comentou Nair.

– Bom dia! Como vai nossa paciente hoje? Quando a operei, pude ver todos os pensamentos dentro desta sua cabecinha, e tinha cada um de dar medo!

Sorrimos todos, e o dr. Celso passou a examinar-me, não poupando recomendações de completo repouso destinadas a uma recuperação mais rápida. Mas, no íntimo de meu coração, eu sabia que cada minuto era um passo a mais em direção ao fim de meus dias na Terra e que eles estavam tentando me agradar.

"Sofia", falou Mário. "A verdade da qual você é conhecedora lhe permite disciplinar suas atitudes e aproveitar bem o tempo que lhe resta. Não desperdice isso julgando ou condenando o procedimento de seu próximo, quando ele apenas visa ao seu bem-estar. Cada um procede e vive conforme sua compreensão. O importante é que saiba estar agradecida àqueles que, prestativos, até mentem na tentativa de fazê-la feliz."

Num piscar de olhos compreendi a extensão do conselho de Mário e me dirigi ao doutor:

– Doutor, meus pais poderão me visitar hoje?

– Sua rápida recuperação lhe garante esse direito, Sofia. Mas vamos com calma. Um pouquinho de cada vez. Nada de visitas demoradas e quarto cheio. Se você fizer tudo direitinho, em três ou quatro dias deixarei você passar alguns dias em sua casa. Combinado?

– Combinado, doutor. Mas vamos deixar esse assunto para depois, pois não sei se seria justo eu voltar para casa neste estado.

– A decisão é sua, Sofia. Bem, eu já vou, pois encerro meu plantão agora. Ficará em boas mãos. Nair cuidará de você. Tenha um bom-dia! E cuidado com os pensamentos!

Assim que o doutor saiu, Nair não se conteve e falou:

– A menina acha justo privar seus pais de sua presença em casa só porque está em convalescença?

– Não, Nair, não é esse o caso. Nós duas sabemos que me resta pouco tempo, e não quero substituir a imagem que meus pais tem de mim correndo alegremente pela casa. Isso só iria lhes causar mais sofrimento no futuro. Você não acha?

– Vou fazer de conta que não ouvi nada, Sofia, e respeitar seu ponto de vista. É preciso querer viver, menina! Você está se entregando à desistência com muita facilidade.

– Nair, eu gosto muito de você e tenho certeza de que você estará ao meu lado todos esses dias, pois, como doente, vou precisar muito de seus serviços e, como alguém que lhe tem muito amor, vou precisar de sua mão amiga e de seu amor de mãe.

Notei que Nair estava ficando confusa e encabulada com minha franqueza, que desnudava seus sentimentos em relação a mim. Então me calei, pois, no íntimo, sabia que seria ela que ficaria ao meu lado nos dias que viriam. Fiquei a meditar. Foi quando então, cansada fisicamente, me entreguei ao sono reparador, que se achegava de mansinho, impedindo minhas pálpebras de permanecerem abertas.

Já passavam alguns minutos do meio-dia quando acordei e perguntei as horas à Nair. Como uma sede intensa tomava conta de mim, pedi a ela que me servisse um copo com água. Em seguida, ela ofereceu-me o almoço, o qual recusei.

– É uma refeição leve, menina. O doutor falou que você tem de se alimentar!

Sorri com a preocupação carinhosa de Nair, que, não se dando por vencida, falou:

– Se você se alimentar, eu prometo uma surpresa.

– O que é Nair? Conte-me! São meus pais que estão chegando?

– Nada disso. Já telefonei para seus pais, e eles virão às três horas, no horário de visita. Então, vamos comer?

O caldo que Nair me serviu carinhosamente me fortaleceu. Enquanto me alimentava, ela satisfez a minha curiosidade:

– Tem alguém aí fora que não aguentou esperar o horário de visita. Quando lhe telefonei avisando que você tinha acordado, dirigiu-se imediatamente para cá, e insiste em ser a primeira pessoa a vê-la. Não foi fácil convencer o pessoal da portaria a deixá-la entrar.

– É Selminha! Diga-me, Nair: é Selminha?

– É ela mesma, minha filha. Termine de comer que vou chamá-la.

– Já chega, Nair. Não quero mais. Estou satisfeita. Você pode me arrumar um pouco para eu receber Selminha?

Nair foi até sua bolsa, retirou de lá um lenço e o colocou sobre a minha cabeça, fazendo com que eu esquecesse os problemas que a realidade do momento me impunham, atendendo a todos os quesitos que minha vaidade de adolescente exigia. Finalmente a porta foi aberta e Selminha entrou no quarto. Ela não conteve as lágrimas, que se misturavam a seu sorriso de felicidade. Passados os primeiros instantes, quando já estávamos mais equilibradas, Nair nos falou:

– Vamos fazer um trato? Vou sair um pouco, dar uma volta e depois ficar na sala de espera ao lado. Enquanto isso vocês ficam à vontade para conversar. Sofia, você não pode se levantar. E Selminha não pode sair do quarto antes do horário de visita.

Concordamos com Nair, prometendo seguir à risca suas recomendações, e então ficamos a sós.

– Dói muito, Sofia?

– Agora não, Selminha. Mas me diga: como estão todos lá no colégio?

– Estamos terminando as provas e logo estaremos de férias. Dona Lucy nos falou que você fará suas provas assim que se recuperar. Mas não se preocupe. Vou ajudá-la. Como já fiz as provas, anotei as questões que considerei mais difíceis, e você poderá estudar mais sobre elas. Não terá problemas. E não venha me falar que é cola, pois não é!

– Está bem, Selminha. Talvez eu precise disso mesmo. E sua mãe, seu pai? Estão bem?

Durante um tempo razoável ficamos ali, revivendo nossos momentos, até que resolvi contar para Selminha as minhas previsões para os próximos dias. Para meu espanto, Selminha não se abalou. Fiquei intrigada e perguntei:

– O que foi, Selminha. Você não se assustou com a possibilidade de perder sua amiga?

– Não é isso, Sofia. Mas você falou com tanta segurança que acabou me convencendo. Infelizmente!

– Como se eu não conhecesse minha melhor amiga. Sei que daqui não sairei com vida, Selminha. Também sei que tenho uma doença no cérebro que não tem cura. Meus pais não sabem nem vão saber disso, espero.

– Se depender de mim, eles não saberão, Sofia. Não vou mentir para você depois de tudo o que me falou. Ontem, enquanto você estava sendo operada, eu estava aqui à espera de notícias. Nair sabe, pois foi ela que me ajudou a entrar. Ouvi dois médicos conversando no corredor próximo de onde eu estava. Um deles era o dr. Celso, que cuida de você. Escutei quando eles comentaram sobre sua doença, portanto tive a noite toda para chorar e me convencer da ideia de que minha melhor amiga e irmã...

Selminha não conseguiu terminar, pois as lágrimas a impediram. Eu a abracei na tentativa de acalmá-la, mas também não me contive. Com muito esforço nos acalmamos, e então comentei:

– Vou lhe contar alguns sonhos que tive e você vai ficar abismada, minha amiga!

10

Mário não estava por perto justamente naquele momento que eu precisava de esclarecimentos.

Passei então a relatar à Selminha, com toda riqueza de detalhes possível, meus sonhos e visões. Falei sobre Mário, Nair, Brígida, srta. dona Menina, e não pude deixar de notar a palidez de Selminha quando lhe falei sobre dona Rosalinda, minha avó, mãe de meu pai.

– Por que o susto, Selminha?

– Não sei, Sofia, mas me assustou essa última história.

– O que você acha disso tudo, Selminha?

– Não sei, Sofia. É tudo tão espantoso. Você não andou lendo alguns livros nesses dias?

– Como, Selminha, se eu estava em coma? Tenho certeza de que muitas pessoas ficariam abismadas com essas histórias e falariam que é fruto da minha imaginação. Mas como negar tudo isso, Selminha? É tudo tão real!

Selminha se manteve calada, como se estivesse a ordenar seus pensamentos. Voltei-me então para a cadeira de Mário, e lá estava ele a sorrir para mim. Pensei em Nair e senti o amor dela por mim e o meu por ela. Impossível: não havia como negar que tudo era real!

Os soluços de Selminha me levaram de volta à realidade:

– O que foi, Selminha?

– Se tudo for verdade, Sofia, você vai mesmo morrer!

– Creio que sim, minha amiga, creio que sim.

Nós nos calamos. Em silêncio, cada uma, perdida em suas recordações, sentia esvaírem-se todas as possibilidades de projetos e sonhos para o futuro. Foi quando, talvez por sugestão de Mário, me veio a ideia de registrar tudo em forma de um diário. Selminha poderia me ajudar, e esse seria nosso último segredo. Fiz a proposta a ela.

– O que você acha, Selminha?

– Eu aceito. Virei todos os dias. Vai ficar lindo!

De forma natural, voltei-me em direção ao local em que Mário se encontrava e falei:

– E você, Mário? O que acha?

"Ótima ideia, menina", respondeu-me em pensamento. "Mas você tem de ficar atenta ao que vai escrever, pois suas palavras serão sua mensagem, e é preciso que as pessoas que tomarem conhecimento dela não recebam uma mensagem de dor e sofrimento, mas uma de esperança e fé."

Voltei-me alegremente para Selminha. Só então me lembrei de que ela não conseguia ver Mário. Percebi, pela palidez de seu rosto, que ela estava preste a desmaiar.

– O que foi, Selminha? Você não está passando bem?

– Com quem você estava falando, Sofia?

Esclareci Selminha com detalhes sobre quem era Mário, mas ela se manteve arredia à ideia de conversar com uma "alma do outro mundo". Compreendi seu receio; afinal, embora fôssemos duas adolescentes, eu já vivia a realidade de meu amanhã, enquanto Selminha...

No horário previsto para visita, mamãe e papai chegaram, completando minha felicidade naquele dia. Choraram muito. Mamãe não concordava em me ver com o cabelo raspado e papai procurava consolá-la de todas as formas.

As duas horas permitidas para visita foram maravilhosas, e foi nesse período que pedi a papai que me comprasse um caderno para as anotações, o que ele, juntamente com Selminha, providenciou rapidamente.

O porteiro ia de quarto em quarto avisando o término do horário de visita. Foi quando comentei rapidamente com papai e mamãe o carinho e a dedicação de Nair para comigo durante aqueles dias.

– Ela não me é estranha, minha filha – comentou papai. – Quanto ao carinho e à atenção, pudemos notar isso, pois nos telefona todos os dias, pela manhã e à noite, dando notícias suas. Oportunamente, vamos convidá-la para um almoço, com todos nós lá em casa.

Todos se despediram, até Selminha, que me confidenciou no ouvido:

– Vou chegar cedo amanhã novamente. Descobri que, se eu der a volta por trás do hospital, posso passar por uma porta que tem lá nos fundos e chegar ao refeitório dos funcionários. De lá para cá é um pulo!

Sorri feliz, pois Selminha me fazia voltar aos meus dezesseis anos, afastando os pensamentos tristes, consequentes da dor do momento.

Nair, após me servir o jantar, recostou-se na cama ao lado e comentou:

– Vou dormir um pouco, pois já me habituei a cochilar neste horário. Mas às dez horas estarei acordada para lhe dar a medicação.

– Está bem, Nair. Por favor, dê-me algumas folhas de papel e um lápis. Vou escrever um pouco para desenferrujar as mãos!

– Tudo bem! Mas não se levante sozinha, menina. Me promete isso?

– Eu prometo, Nair. Bom sono!

De posse das folhas de papel e do lápis, não sabia como iniciar meus escritos; foi quando Mário me sugeriu as primeiras frases; daí para frente, escrevi tudo o que me veio à mente, até que Nair levantou-se pontualmente, como previra, e me deu alguns medicamentos, comentando:

– Às quatro horas tem outra dose. Você ainda não se cansou de escrever, menina?

– Ainda não, Nair. Vou lhe contar um segredo e preciso de sua compreensão, pois vou depender de sua ajuda.

– O que foi, menina?

– Estou escrevendo um diário e gostaria que você me ajudasse. Não me peça para lê-lo e guarde-o para mim. Só você e Selminha sabem disso. Ela virá todos os dias para me ajudar a escrevê-lo.

– Pode contar comigo, menina. Além do mais, estou muito velha para ler segredinhos de duas meninas como vocês!

Sorri, agradecendo à Nair pelo carinho, e continuei a escrever até altas horas, até que o sono tomou conta de mim, e o sonho não se fez esperar, trazendo-me mais uma história para ser registrada nestas páginas.

Lá estava eu de mãos dadas com Mário. Eu era ainda uma criança e mal conseguia acompanhar seus passos. Íamos viajar, e mamãe não parava de falar que iríamos conhecer meu tio César, que morava noutra cidade. Eu chamava Mário de papai e Nair de mãe.

Acordei assustada: era Nair que se preparava para me medicar. Depois de tomar os remédios, não consegui mais dormir. Estava impressionada com o que sonhara. Mário não estava por perto justamente naquele momento que eu precisava de esclarecimentos.

Os primeiros raios de sol certamente já estavam sendo exibidos pelo dia, que nascia naquela manhã quente. Sabia-o pela brisa que chegava até mim depois de percorrer os corredores do hospital. Nair se levantou e aproximando-se falou:

– Eu vi que você não dormiu depois que lhe dei os remédios às quatro horas. O que foi, menina? O que a está incomodando?

– Não foi nada, coisa de adolescente, Nair. Não se preocupe.

Após o banho, que pude tomar naquela manhã ajudada por Nair, que me conduziu em uma cadeira de rodas até ao banheiro, fiz um lanche. Quando pressenti que Nair estava livre para conversarmos, falei:

– Nair, como se chamava seu marido? E vocês estavam viajando para onde quando aconteceu o acidente?

– Estávamos vindo para esta cidade, menina. Meu marido queria se encontrar com o irmão que não via havia muitos anos, embora trocassem muita correspondência. Ele nos trazia orgulhoso para nos apresentar ao único membro existente da família dele. Já havia se comprometido com o irmão de visitá-lo outras vezes, porém nunca fora possível concretizar seu sonho, e naquele Natal ele estava certo de que conseguiria. Porém, entrou a mão do destino e eles não se encontraram. Resolvi me mudar para cá, na esperança de conhecer o irmão dele e quem sabe meus sobrinhos; assim eu teria novamente uma família. Infelizmente, meu marido destruíra todas as cartas recebidas do irmão, alegando que elas pertenciam ao passado, ante a perspectiva de revê-lo, e eliminando assim para mim toda a possibilidade de conseguir seu endereço. Mudei-me para cá há vinte e um anos e, por mais que tenha tentado, não consegui localizar meu cunhado.

Nair se calou. Sua respiração entrecortada por curtos suspiros me indicava que ela se controlava para não entregar-se às lágrimas.

– Desculpe-me, Nair, por fazê-la reviver um passado tão triste.

– Que nada, minha menina. Triste foi somente a perda de meus dois entes queridos naquela viagem frustrada, pois os anos anteriores foram alegres e felizes.

– Ainda bem, Nair, que você pensa assim e não esquece os bons momentos. É isso que estou aprendendo a fazer com a ajuda de Deus, que agora é uma coisa bem concreta para mim! Mas você não me disse o nome de seu marido, Nair. É segredo?

– Não é não, menina. Ele se chamava Mário, e era muito bonito.

11

Apavorei-me. Como iria continuar a escrever minhas lembranças?

Um arrepio percorreu todo o meu corpo, e as reações logo se fizeram notar, pois Nair comentou:

– Procure dormir um pouco, menina. Está acordada desde as quatro horas. É melhor descansar!

Assim que me refiz do susto, voltei-me para a cadeira em que Mário ficava e o encontrei sorrindo. Ele levou o dedo indicador aos lábios, fazendo-me entender que deveria ficar calada. Mas minhas descobertas naquele momento mexeram com meus sentimentos, e eu mal podia conter as lágrimas. Nair, vendo meus olhos fechados, afastou-se, supondo que eu estava dormindo.

"Meu Deus", pensei. "Então Mário foi meu pai e marido de Nair?! Não era coincidência meu sentimento para com eles! A atenção e o carinho deles para comigo tinham suas razões no passado, onde um dia seus corações me ofertaram carinho e amor. E Brígida? Lembro-me de minha mãe atual me perguntando onde tinha ouvido aquele nome que coloquei em minha boneca! Jesus, não me desampare e me ajude a unir as contas dispersas do rosário de minha vida. Ajude-me a compreender tudo isso."

Naquela manhã e nas seguintes Selminha foi me ver, mas a presença de minha amiga não me estimulava a escrever; eu o fazia somente depois que ela ia embora. Sua presença me proporcionava momentos alegres e descontraídos. Ela me contava as novidades de nossa rua e de nossos amigos. No quarto dia após minha operação senti os primeiros sinais de que minha doença progredia. Comecei a perder o controle de minhas pernas e as dores de cabeça começaram a voltar e rapidamente passaram a me incomodar. Em princípio, não comentei nada com Nair, mas na tarde do sexto dia eu mal podia abrir os olhos.

Foi quando ela percebeu que algo estava acontecendo e comunicou ao médico, que prescreveu uma medicação via soro, aliviando minhas dores. Com o retorno do soro, meus movimentos ficaram ainda mais limitados. Pressenti que as coisas caminhavam para um fim. Meu amigo Mário, sempre ao meu lado, comentou naquela manhã, após a visita do doutor:

"Minha menina, a vida segue seu curso e os dias, como instrumentos do tempo, cobram sua parcela de nossa vida. É preciso começar a preparar todos para sua partida, Sofia. Nossos superiores acham desnecessário estender seu prazo neste leito, por isso nos aconselham a dar liberdade ao pássaro o mais rápido possível".

"Mas eu preciso acabar meu diário."

"Compromissos mais importantes estão reservados para você, embora compreendamos a importância de seu livre-arbítrio."

"Mário, quero lhe fazer uma pergunta que está guardada em meu peito há vários dias. Por que você não permitiu que eu contasse a Nair sobre sua presença?"

"Este não é o momento, minha querida. Isso poderia perturbar seu coração, prejudicando o aprendizado ao qual você se submete. No momento certo, tudo será revelado. Agora procure descansar, pois vou levá-la a um passeio."

Em pouco tempo Mário me conduziu por extensos e floridos jardins, tendo à nossa frente um grande prédio pintado de azul-claro, quase branco. Subimos uma escadaria que nos separou dos jardins. Na porta do prédio, notei uma placa enorme com os dizeres: "Vinde a mim todos vós que sofreis, pois serão consolados – Jesus".

"Onde estamos, Mário?"

"Poderíamos chamar de hospital, mas preferimos: 'Núcleo de recuperação e amparo Renascer'".

"Explique-me melhor, Mário."

"Aqui é uma casa de amparo e socorro àqueles que retornam de sua jornada na Terra depois de atravessar processos dolorosos como o que você está passando. Considere aqui um hospital, em que os recém-chegados, naturalmente habilitados por seus méritos, recebem a ajuda de que precisam."

Minha atenção se voltou para uma jovem que aparentava ser da minha idade e era amparada por uma enfermeira. Caminhava com dificuldade. Ao passarem próximas a mim, pude acompanhar um trecho da conversa delas, enquanto caminhavam vagarosamente:

"Enfermeira", disse a jovem. "Eu quero voltar para a casa. Quando o doutor vai me dar alta? Estou com saudade de meus pais. O tratamento aqui não está valendo para nada. Eu não melhoro!"

Voltei-me para Mário e perguntei:

"Mas você não me falou que este é um hospital onde é amparado aquele que já deixou de existir na Terra?"

"Sim, menina, mas muitos ainda não sabem disso ou se recusam a aceitar a verdade, e por aqui permanecem até que se conscientizem. Vamos entrar!"

Mário conduziu-me pelas amplas enfermarias repletas, nas quais pude ver todo tipo de sofrimento. Idosos e jovens, homens e mulheres, todos agarrados à possibilidade de ainda estarem na Terra, quando já não possuíam mais o corpo físico. Chegamos a uma grande porta de onde partia uma estrada com pouco movimento de pessoas. Mário comentou:

"Pronto, menina. Aquela era a porta de entrada. Transpostas suas passagens, que são as enfermarias, chega-se até aqui, à saída. Esse processo pode demorar horas, dias ou séculos, mas nem todos obrigatoriamente passam por aqui. Tudo é uma questão de opção feita no íntimo de cada um."

Enquanto Mário falava, eu assimilava seu ensinamento, e no meu íntimo eu me propunha a superar a necessidade de passar por ali. Deus me daria forças e eu venceria. Estava certa disso!

"Vamos voltar, Mário. Estou cansada e preciso pensar em tudo isso que aprendi aqui. Voltemos."

Estranhamente na manhã do nono dia após minha operação, eu estava no meu quarto, que tinha uma ampla janela que me permitia ver o céu azul ou repleto de estrelas quando senti que minhas mãos obedeciam com dificuldade às ordens que eu lhes endereçava. Chamei Nair e lhe comuniquei o fato. Doutor Celso logo chegou e, tentando me acalmar, falou:

– Isso é um processo normal, Sofia. É uma consequência da medicação que você está usando. Vai durar apenas alguns dias. Depois vai se regularizar.

Mas no meu íntimo eu sabia que ele estava escondendo a verdade, pois eu já o ouvira explicar para papai e mamãe, por ocasião de uma de suas visitas, que isso iria acontecer quando o mal de que eu era portadora estivesse destruindo todos os canais de comando de meu cérebro para meu corpo. Apavorei-me. Como iria continuar a escrever minhas lembranças?

Mário então sugeriu a colaboração de Selminha, que até o momento tinha dado sua participação lendo e discutindo comigo as frases, a pontuação etc.

Os recursos que me restavam para a comunicação certamente iriam extinguir-se, e então passei a ditar para que Selminha escrevesse, o que justifica a mudança de caligrafia no decorrer do meu diário.

Era o décimo segundo dia após minha operação e, mesmo estando de olhos abertos, não conseguia enxergar com nitidez. Assustada, buscava refúgio nos conselhos de Mário:

"Sofia, minha filha, você conseguiu se manter até aqui com disciplina e fé em Deus. Não fraqueje nos últimos quilômetros de seu destino. Para prosseguir, busque a força e o consolo na prece".

12

– Sofia. Oh, Sofia. Acorde que já está na hora.
Pare de se fingir de morta, senão eu vou embora.

Enquanto Mário falava comigo, adormeci sob a ação magnética de sua mão sobre a minha cabeça. Estávamos de volta à praça, e ele me guiava pela mão!

"Quero que conheça algumas pessoas, Sofia!"

Nós nos aproximamos de um grupo de jovens: três moças e dois rapazes. Uma da moças se adiantou:

"Mário, querido amigo. Há quanto tempo não aparece!"

"Hoje faz três dias que nos encontramos, Marly!"

"Uma fração de segundo longe dos afetos queridos significa uma eternidade, Mário", respondeu a moça.

"Fico lisonjeado, Marly. Quero lhe apresentar Sofia, uma grande amiga. Em parte de meu passado, desfrutei a oportunidade de tê-la como filha, e no momento ela passa por uma fase de transição."

"Seja bem-vinda, Sofia!"

Diante de minha hesitação, Mário dirigiu-se a Marly:

"Sofia está em processo final de libertação, ainda temerosa e insegura. Temos buscado auxiliá-la nesta fase, e, pensando nisso, a trouxemos até você, Marly. Achamos que sua experiência poderá ajudá-la bastante".

"Aprendemos que o mal não deve ser comentado", começou a falar Marly. "Mas posso adiantar-lhe, Sofia, que não existe efeito sem causa, e Deus nos poupa de muitas andanças pelo nosso passado para não revivermos nossos erros novamente. Aqueles que desfrutam dessa oportunidade podem se considerar agraciados, porém conheço poucos que tiveram esse privilégio. Não sei qual a sua dor no momento, mas terminei meus dias na enfermaria de um hospital, sozinha e longe do carinho dos meus parentes. Foram muitos os meus erros, e entre eles está o de abandonar a segurança de meu lar e o carinho de meus pais. Queria ser livre, não dar satisfação a ninguém, viver minha própria vida, mas, como um filhote que sai do ninho antes de saber usar suas asas, meu prazo ficou limitado a poucos meses. A sífilis me conduziu à enfermaria de um hospital. Envergonhada, não fiz contato com meus pais e passei meus últimos dias na Terra entre a revolta e a dor, sozinha, sem a mão de um amigo ou a proteção de um familiar querido. Como se não bastasse, abandonei meu corpo físico sob intensa revolta; quando despertei deste lado da vida, estava em um local bem diferente desta praça maravilhosa. Era um local em que doentes e mutilados fugiam de sua consciência buscando abrigo nas sombras abundantes.[4] Foram doze meses de muito sofrimento. A palavra 'irresponsável' tornou-se uma amiga inseparável, povoando noite e dia meus pensamentos."

Marly parou por alguns instantes e enxugou uma lágrima que insistia em cair. Com um sorriso tímido, nos fitou e prosseguiu:

4. Sombras abundantes: são locais denominados de Umbral – ambiente trevoso e infeliz criado pela força do pensamento de milhares de criaturas em desajuste. (N.E.)

"As longas noites de luta com minha consciência por fim foram vencidas quando me lembrei de Deus. Caindo de joelhos, implorei Sua proteção e Seu perdão, e assim fiquei até que a névoa se dissipasse, me permitindo a visão de uma porta pela qual passei para receber o amor e o carinho de amigos e irmãos como Mário. Essa estrada foi opção minha, Sofia, pois a revolta me impedia de ver Deus como minha esperança e abrigo. Mas para quando está previsto o seu retorno? Quem sabe você se torne uma das nossas! Somos um grupo de amigos com o objetivo de amparar jovens que aqui chegam ainda presos à incompreensão e à revolta".

Ficamos conversando por algum tempo. Mário afastou-se, nos deixando a sós, e só então lhe perguntei:

"E seus pais, Marly? Como reagiram à sua partida?"

"Meus pais! Como os tenho feito sofrer, Sofia! Eles ainda não sabem. O amor que eles têm por mim os impede de aceitar os acontecimentos. Ainda não sabem de nada. Acham que fui raptada, e até hoje alimentam a esperança do meu retorno. E os seus pais? Como se comportam diante da possibilidade do seu afastamento do círculo familiar na Terra?"

"Acredito que estejam cientes da iminente separação, mas nunca aceitarão tal fato sem revolta ou lágrimas."

"Quase sempre é assim, Sofia. Nossos familiares têm dificuldade em entender a situação! Digo isso pelas situações que já presenciei. Muitas vezes, as lágrimas e a revolta dos que ficaram repercutem no equilíbrio e na recuperação daqueles que retornaram. Mas tenho notado que a religião ajuda muito aqueles que a praticam. Seus pais seguem alguma?", quis saber Marly.

"Íamos à missa todos os domingos e seguíamos as orientações da Igreja."

"Já é um começo, Sofia. Mas bom seria se eles ouvissem alguns conceitos sobre a vida após a morte, sem os rigores do Inferno ou a angelitude do Céu."

"Mas, Marly, acho que o problema maior sou eu. Não consigo aceitar o fato de encerrar minha vida na Terra tão jovem. Em momentos como este ou estando ao lado de Mário, tenho forças, mas, quando estou sozinha, não consigo manter-me estruturada."

"Veja ali meus amigos e amigas. Nenhum deles retornou para cá depois de completar a sua idade. Todos vieram antes disso! O mais importante, Sofia, é estarmos confiantes em Deus, pois outras vezes teremos de voltar à Terra em um novo corpo, uma vez que lá é a escola onde adquirimos conhecimentos e a arena de nossas lutas na reconciliação com nosso passado."

"Estou ciente de tudo isso, Marly."

"Então não vejo problema algum. Você está apenas ansiosa na expectativa do inevitável para todos nós."

"É mais ou menos isso, Marly."

"Lembre-se de seu tempo de colégio, Sofia. É como o primeiro dia: não conhecemos ninguém e estamos sozinhos, pois papai e mamãe nos levaram apenas até a porta."

Mário aproximou-se e Marly lhe dirigiu a palavra:

"Irmão Mário, Sofia tem um grande coração e conseguirá vencer com facilidade as dificuldades que ela supõe existir. Se Deus nos permitir, estaremos entre aqueles que irão recebê-la deste lado da vida".

"Temos certeza, Marly, de que você não poupará esforços para isso. Mas agora temos de ir. Compromissos ainda existem para Sofia no orbe terrestre."

Uma música suave enchia o ambiente, e Marly voltou a se dirigir a Mário:

"São nove horas pelo relógio da Terra. Neste horário fazemos nossa prece em sintonia com os corações queridos que nos auxiliam e nos amparam, buscando na oração a comunhão com Deus. Nossa colônia, Sofia, é perto daqui. Oportunamente nós a levaremos lá. É um lugar lindo e maravilhoso, no qual a mão de Deus não poupou esforços".

Marly nos convidou a participar da prece e aceitamos. Ainda com dificuldade para compreender tudo o que se passava, segui junto com Mário até o grupo de amigos que havia se instalado sobre a grama macia, formando um círculo do qual passamos a fazer parte. Notei então que muitos outros grupos se formaram com o mesmo objetivo, e, ao som harmonioso da música que parecia sair das plantas e das flores em nossa volta, Mário foi convidado a fazer a prece em nome do grupo. Uma paz indescritível tomou conta de mim, quando minha fé em Deus tornou-se quase palpável. Envergonhada, compreendi que eu era apenas mais um de Seus filhos e que outros existiam com suas lutas e dificuldades nos dois planos da vida. Quanto tempo durou eu não posso afirmar, mas me lembrei de meus pais, de Nair e de Selminha como personagens de meu passado, mas habitando meu coração.

Encerrado o momento de prece, os grupos voltaram às suas atividades normais. Mário abraçou Marly e os companheiros. Nós fizemos o mesmo. Marly comentou:

"Sofia, Mário me confidenciou que você está registrando tudo em um diário para ser lido após seu retorno para cá. Quem sabe você poderia me auxiliar? Preciso de ajuda para que meus pais tomem conhecimento de minha partida. Já obtive autorização de nossos instrutores para isso. Vivendo meus progenitores na mesma cidade que os seus, quem sabe consigamos isso por meio de seus escritos?"

Indecisa e lisonjeada com a tarefa, não consegui responder, mas Mário falou por mim:

"Creio que Sofia não poupará esforços para favorecê-la, Marly, já que o canal aberto por ela pode ser utilizado por todos. Aguardamos sua visita com mais detalhes, mas agora é necessário que partamos".

Voltando-se para mim, Mário falou:

"Selminha já está impaciente e pronta para acordá-la, Sofia. Ela já a espera há um bom tempo e só não a acordou graças à intervenção de companheiros nossos que permanecem próximo de seu corpo".

Rapidamente estávamos de volta ao meu quarto. Lembrei-me de meus problemas, mas de uma forma bem mais tranquila e confiante:

"Vou começar ainda hoje a preparar todos para minha partida. Será melhor assim. Minha morte é inevitável mesmo!"

Pude notar quando Selminha começou a sussurrar junto a meus ouvidos:

– Sofia. Oh, Sofia. Acorde que já está na hora. Pare de se fingir de morta, senão eu vou embora.

Não pude conter o sorriso e abri os olhos. Selminha assustada falou:

– Ah, Sofia. Não precisa me assustar! Estou aqui esperando você acordar há muito tempo.

Enquanto Selminha me colocava a par das novidades, eu me esforçava para distinguir detalhes de seus traços, mas meus olhos nada me mostravam. Tomei a decisão de nada comentar para não preocupar mais ninguém. Em certo momento, Selminha me perguntou:

– E então, Sofia? Teve algum sonho hoje para a gente colocar no diário?

– Tive, sim, Selminha. Mas, enquanto eu lhe conto, vê se não chora. Combinado?

– Ah, não sei, Sofia! Você só me conta coisa triste!

Relatei para Selminha a história de Marly e, enquanto a escrevia, ela comentou com espanto:

– Meu Deus! Ontem foi uma freguesa de mamãe lá em casa experimentar um vestido e contou um caso parecido com o dessa moça. Mas não me lembro de ela ter falado o nome das pessoas envolvidas. Ai, Sofia, que medo! E se for o mesmo nome? Eu morro primeiro que você, Sofia, e de medo!

Sorri perante o temor de Selminha. Pude constatar pelas suas palavras a distância já existente entre nós duas. E, para assustá-la ainda mais, perguntei:

– E quando eu morrer, Selminha? Você vai ter medo de mim também?

– De você não, Sofia. Eu a conheço.

Continuamos a fazer as anotações no diário e depois prosseguimos em uma animada conversação. Nair foi recolher a bandeja do almoço e comentou:

– Vocês podiam se recompor um pouco. Faltam dez minutos para o início das visitas. Hoje é domingo. Vocês se esqueceram?

Nair e Selminha arrumaram o quarto e logo papai e mamãe entraram me abraçando felizes.

– E então, menina? O doutor já falou o dia de sua alta?

– Não, papai, ainda não. Mas acho melhor vocês não alimentarem muita esperança, não!

– Que é isso, minha filha? Deus é grande e não vai deixar nada de ruim acontecer a você, não! – disse mamãe, esperançosa.

– O problema, mamãe, é que a vida vista sob outro prisma tem outro significado, e nós, na maioria das vezes, quando pedimos ajuda a Deus, pensamos somente na vida do corpo físico. Nas Leis de Deus, tudo é perfeito. Veja a senhora que até a fruta lançada no chão pela ação do vento obedece Suas leis, quando deita na Terra suas sementes e estas originam novas árvores, produzindo mais frutos. Os filhos são como o fruto das árvores: quando são retirados da proteção e do convívio dos pais, é para que possam se transformar em nova fonte de vida.

– Nossa, minha filha, que palavreado estranho! Ninguém aqui vai morrer, não!

– Vai, sim, mamãe. Todos nós vamos. Cada um em seu tempo certo!

Papai, pressentindo aonde eu pretendia chegar, insistiu para mudarmos de assunto. Selminha chamou mamãe até a janela e então eu comentei:

– Papai, me conte alguma coisa de sua vida. Nunca soube nada de sua família!

13

"Se vocês estão pensando que estou pronta, estão muito enganados. Ainda falta eu terminar meu diário, tio Mário!"

Papai não conseguiu esconder sua surpresa perante meu pedido e comentou:

– Por que isso agora, minha filha?

– Ora, papai, o pouco que sei é que vovó morreu quando o senhor ainda era criança, mas que, antes disso, ela tinha doado vocês, os filhos, com receio de contaminá-los com a doença de que era portadora.

– É essa a história, minha filha!

– Papai, seja bonzinho e me conte os detalhes. E seu irmão, meu tio? Ele morreu?

– Não sei, Sofia. Creio que sim, pois nunca mais tive notícias dele! Sempre foi assim: nós trocávamos muita correspondência. Mas depois ele simplesmente sumiu. Nossas cartas começaram a ser escritas quando ainda éramos meninos. Eu tinha doze ou treze anos, não me lembro bem. Mas nunca conseguimos nos encontrar, pois, sempre que ele se comprometia a esse encontro, não comparecia.

– O senhor nunca mais teve notícias dele?

– Nunca mais, minha filha. A última vez foi muito antes de você nascer. Poucos dias antes do Natal, ele me escreveu confirmando sua vinda, mas não apareceu e não deu mais notícias. Nessa época, conforme escreveu, já estava casado e com uma filhinha de dois anos, e afirmava estar ansioso para que eu a conhecesse. Mas nem da criança nem da mãe tive notícias. Como eu nunca soube o nome delas, ficou difícil qualquer contato.

A essa altura da conversa, meu coração parecia querer sair pela boca. Não podia ser coincidência! Tinha de haver algo mais do que isso! Olhei para Nair. Ela estava acomodada em um canto do quarto com o pensamento distante, não prestando atenção em nossa conversa. Voltei-me para papai, me enchi de coragem e perguntei:

– Papai, como era o nome de seu irmão, meu tio?

– Ele se chamava, ou ainda se chama, Mário.

Logo papai notou as duas lágrimas silenciosas, que não consegui conter, e carinhosamente as enxugou, comentando:

– Eu não queria conversar sobre isso para não deixá-la ainda mais triste, Sofia. Olha só: você está chorando!

– Mas é de alegria, papai. Estou feliz por ser quem sou e pela família que tenho. Amo muito todos vocês, papai. Não só você e mamãe, mas também nossa querida Nair, que tem sido uma mãe para mim. Trate-a muito bem, papai. Seu maior sonho está prestes a se realizar: dentro em breve ela terá uma família. Tenho certeza de que meu tio Mário não vive mais entre nós, por isso ele não fez mais contato com o senhor. Ore por ele, papai, e peça a Deus para ampará-lo, pois ele é uma pessoa muito boa, muito mais do que um irmão.

– Por que você está falando dessa forma, menina?

– Papai, o senhor é bem mais forte do que a mamãe. Sejamos francos um com o outro: sei que não me levantarei mais deste leito e que meus dias neste corpo estão contados. Assim, gostaria que o senhor se voltasse mais para Deus, para que esteja bem forte quando chegar o meu momento de partir.

Papai, emocionado, chegou mais perto de mim, fazendo-me entender que mamãe não poderia me ouvir falando daquela forma, e comentou:

– Sofia, minha filha, tenho sofrido muito com esse pensamento e tenho também perguntado a Deus se é justo, caso isso venha a acontecer. Mas é tão difícil receber Suas respostas!

– Nós sabemos o que vai acontecer, papai. Vou lhe confidenciar um segredo. Meu corpo está parando devagar. As mãos, as pernas e agora as vistas não estão desempenhando mais suas funções. É como uma chama que se extingue vagarosamente. Ao mesmo tempo, papai, vou me sentindo como um passarinho preso na gaiola, ansioso por voar. Quanto a Deus ser justo, meu pai, não devemos duvidar disso, pois Ele é muito mais do que isso; além do mais, a vida continua, tanto para aqueles que partem como para aqueles que ficam. E eu partirei feliz, pois estarei consciente de que minha doença teve um lado positivo para todos nós: uniu corações que estavam separados.

– Concordo com você em parte, minha filha. Mas esperá-la formar-se no ventre de sua mãe, vê-la nascer, cuidar de você, vê-la crescer e alimentar mil sonhos para depois vê-la partir é muito difícil. Muito difícil mesmo! E, mesmo que exista vida após a morte, como afirma, você estará lá, e nós, aqui, portanto estaremos separados.

– Oh, papai. Preciso tanto que o senhor compreenda isso! Não se rebele contra Deus e contra a vida, meu pai. A Terra é apenas uma escola; quando nos formamos, temos de ceder lugar a outros, o que vem a ser o meu caso.

– Você está falando igual à mãe de Selminha, que agora frequenta um centro espírita. Agora não: já sei dessa história há cerca de quatro anos. Será que ela andou colocando alguma coisa na sua cabeça?

– Papai, meu querido, na minha cabeça nada foi colocado, nem mesmo a doença que carrego, pois ela nasceu aqui. Não vejo problema na mãe de Selminha estar frequentando um centro espírita. O Espiritismo é uma religião como qualquer outra.

– Mas eles dizem que conversam com os mortos.

– Claro! Por que não? E o senhor trate logo de começar a frequentar um, para podermos conversar depois que eu partir.

Papai não conseguiu esconder o sorriso ao ouvir minhas palavras em tom de brincadeira e continuou:

– Se sua mãe ouvisse nossa conversa, já estaria passando mal. Ela já foi ao centro espírita duas vezes com a mãe de Selminha.

– Papai, prometa pensar em tudo o que lhe falei. Minha partida é inevitável, mas, quando isso acontecer, o senhor compreenderá que tudo tinha uma razão de ser e que foi conforme o previsto por Deus. Nunca se esqueça de Nair, papai. Ela é muito especial para mim!

– Eu sei, minha filha. Você sabia que ela tirou férias e permanece dia e noite junto de você? Isso é um mistério para nós. O dr. Celso chegou a me perguntar se ela era da família, tamanha a dedicação com que cuida de você.

– E o senhor ainda me diz que Deus não é justo, papai! Quantos doentes estão abandonados nos hospitais? O que Nair está ganhando com tudo isso? É Deus, papai. Ele interfere nos ajudando muitas vezes acima de nosso merecimento. Por que o senhor não frequenta um centro espírita com a mamãe?

– Estou muito velho para isso, minha filha. Acho que já passei da hora de ficar procurando religião!

– Papai, e se eu lhe pedir?

– Está bem, menina. Você não perdeu a mania de fazer chantagem com o seu pai. Eu vou até lá hoje à noite com sua mãe e a de Selminha ouvir o que eles pregam.

– Obrigada, papai. Tenho certeza de que o tio Mário também está feliz.

– O que é isso agora, menina? De onde tirou isso, que seu tio está feliz?

O espanto de papai me fez rir e lhe respondi:

– São coisas de quem está com um pé de cada lado da vida, papai.

– Acho melhor a gente mudar de assunto. Conte-me: como Selminha faz para entrar todos os dias pela manhã sem que ninguém a proíba?

– Nem lhe conto, papai. É melhor o senhor não saber, senão vai brigar com ela. Enquanto ela puder vir, ficarei muito satisfeita.

Papai se calou e, notando minha dificuldade para falar, atendeu à sugestão de Nair para que eu me calasse um pouco, pois, conforme ela, eu estava falando sem parar desde manhã com a chegada de Selminha.

– Está bem, Nair – respondi. – Dez minutos está bom?

– Já é alguma coisa, menina. Sua garganta está pedindo isso.

Compreendi o que se passava e obedeci a Nair sem nada comentar. Nesse instante, enquanto me mantinha recolhida conforme prometera, notei que tio Mário chegava acompanhado por duas moças. Não contive minha alegria e me dirigi a ele, falando:

– Tio Mário, o senhor desapareceu! Imagine só, o senhor é meu tio Mário!

Tio Mário, sorrindo como sempre, fez sinal para que eu me calasse, chamando minha atenção para as pessoas que estavam à minha volta no quarto. Assustadas, elas olhavam para mim, pois, sem perceber, eu comentara em voz alta meus pensamentos. Envergonhada, mantive meus olhos fechados como se estivesse dormindo. Ouvi Nair falar para todos:

– É resultado da medicação. Vocês não precisam se preocupar. Ela provoca alucinações e muito sono.

Enquanto Nair falava, tio Mário e suas duas amigas, já conhecidas minhas, se aproximaram e me abraçaram afetuosamente. Ele comentou:

"As duas estarão por perto nas próximas horas, Sofia. Vieram para nos ajudar".

"Se vocês estão pensando que estou pronta, estão muito enganados. Ainda falta eu terminar meu diário, tio Mário!"

Tio Mário sorriu, enquanto as duas se afastavam alegando outros compromissos imediatos, mas não sem antes justificar sua presença como uma simples visita de amigos.

14

Mamãe, ainda mais assustada, voltou imediatamente para meu quarto e, após tomar um copo de água, se dirigiu a Nair:

Agora bastava eu fechar os olhos e logo me desprendia do corpo, talvez porque já estava mesmo me despedindo da querida Terra.

"Não seja tão dramática, minha sobrinha: seja realista objetivando apenas o seu bem-estar. E não explore a dor com outro objetivo que não seja o de aprender e evoluir."

"Estou tentando, tio Mário. Estou tentando viver dessa maneira, mas sei que ainda tenho muito o que aprender sobre a Justiça Divina."

"A Justiça Divina se resume numa simples lição, Sofia: colhemos sempre o que plantamos. Boa ou má, a colheita pertence sempre àquele que deitou as sementes no solo."

Tio Mário tinha razão. Eu estava errada. Minha dor era maior do que a de alguns, mas bem menor do que a de muitos. Isso eu já aprendera. Envergonhada, mudei de assunto:

"Tio Mário, por que o senhor nunca conseguiu fazer com que papai soubesse o que lhe aconteceu?"

"Minha menina, acabamos de falar sobre direitos e deveres, plantio e colheita. Muitas vezes me abracei a seu pai em prece na expectativa de fazê-lo compreender a situação em que eu me encontrava, mas nada além de lembranças adornadas pela saudade consegui estimular. Então compreendi que para receber é preciso fazer jus e estar pronto para utilizar aquilo que recebemos como alavanca de nosso processo evolutivo. Veja sua luta momentânea, Sofia. Você a está transformando em instrumento para o nosso reencontro e esclarecimento."

"Como assim?"

"O que pensa em fazer com seu caderno de anotações? Você registrou ali tudo o que se passou desde o momento de seu despertar aqui no hospital, bem como lembranças de momentos felizes de sua atual existência. Além disso, identificou afetos do passado no presente e localizou desaparecidos, e vai aproximar aqueles que se amam com seus registros. Isso seria possível sem sua dor do momento? Torno a lhe perguntar: o que pensa em fazer com seu caderno de anotações quando retornar ao nosso convívio?"

"Ainda não havia pensado nisso, tio Mário."

"Então, minha filha, se vai deixá-lo para que outros leiam, insisto para que não registre lágrimas de revolta. Registre esperança. Não registre sofrimento. Registre aprendizado. Leve uma mensagem de fé e confiança em Deus àqueles que o lerem."

"Obrigada, tio Mário. Vou pensar muito sobre isso! Falta muito, tio Mário, para tudo se encerrar?"

"Não, minha filha, apenas o tempo necessário, conforme a determinação de Deus."

Calei-me pensativa. Que destino daria a meu diário? Tio Mário tinha razão: minha doença estava servindo para unir muitas pessoas. Sem falar em tudo o que estava aprendendo sobre a vida e Deus!

Voltei-me para Selminha e mamãe, que ainda conversavam próximas da janela. Mamãe dizia:

– Ela se chama dona Carmem e tem um grande coração, Selminha! Sofreu muito com o desaparecimento da filha há oito anos, mas ainda alimenta esperanças de encontrá-la. Convidei-a para vir aqui e fazer uma prece para Sofia, e ela virá ainda hoje. Espero que César e Sofia não se importem. O que você acha, Selminha?

– Sofia não vai se incomodar. Ela mudou muito nos últimos dias. Tem horas que não a reconheço, que ela fala coisas que nunca imaginei que entendesse. Parece que ela está mais feliz do que quando corríamos pela rua!

– Notei mesmo, Selminha, que ela está muito mudada. Está crescida e madura. Porém está falando coisas estranhas. O doutor nos disse que é reflexo das altas doses de remédio que ela está tomando.

– Não acredito que seja só isso, não. Tem alguma coisa a mais, e com isso eu estou também ficando mais séria, mais compenetrada.

– Quando ela sarar, tudo vai voltar a ser como antes, Selminha!

– A senhora acredita mesmo nisso, dona Leda? Sofia afirma que nunca mais vai se levantar e voltar para a casa, e fala com tanta convicção que já estou convencida disso!

– Não diga uma coisa dessas, Selminha. Deixe de ser pessimista!

– Desculpe-me, mas não é pessimismo, não. Sofia me convenceu disso.

Mamãe se deixou abater pelas palavras de Selminha e permitiu a luta de seus sonhos com a realidade do momento. Abracei-me a ela em espírito, abri meu coração a Deus em prece – na esperança de lhe transmitir as verdades descobertas por mim, para que ela também sentisse a força da fé, que nos permite ter Deus a guiar nossos passos – e lhe sussurrei no ouvido:

"Mãezinha, estaremos eternamente unidas como estamos hoje. Confie em Deus, mãezinha. Estou feliz. Fico feliz só em saber quanto a senhora me ama. A vida nos reserva, no amanhã, longos e felizes momentos, pois o amor que une a todos nos dá esse direito".

Mamãe, debruçada na janela, vertia grossas lágrimas, enquanto eu me unia a tio Mário em pensamento naquele momento tão sublime para buscarmos Deus em prece. Fiquei abraçada à mamãe por minutos, que foram eternizados em nossas lembranças. Nesse momento, à minha frente, passou um cortejo de crianças, todas cantando alegres canções que eu nunca tinha ouvido. Tio Mário então me confidenciou:

"São amiguinhos que se encontram, Sofia. Na ala infantil, um menino de cinco anos retornou ao convívio de seus amigos após passar um período na escolinha da Terra. Veja como é difícil identificar quem é ele. Estão todos tão felizes!"

O grupo de crianças desapareceu no horizonte, sempre guiado por responsáveis espirituais. Foi quando pude notar entre eles as duas amigas e irmãs que estiveram a me visitar minutos antes.

Preocupada com mamãe, voltei-me para tio Mário e lhe falei:

"Tio Mário, como vou fazer para tranquilizar minha mãe?"

"Convide-a mentalmente para um passeio pelo hospital, Sofia, e a conduza pelos corredores. Eu estarei esperando vocês. Não receie. Proceda como se estivesse fisicamente ao lado dela."

Sem me permitir nenhuma pergunta, tio Mário se afastou, e fiz conforme ele me instruiu. Para meu espanto, mamãe enxugou o rosto e, voltando-se para papai, falou:

– Vou dar uma volta por aí, sozinha, porque preciso pensar um pouco, César. Assim que Sofia acordar, peça à Selminha para me chamar.

Conduzi mamãe como tio Mário me instruíra e caminhamos pelo extenso corredor, quando o vi acenar de uma das portas de acesso à parte central do hospital. Lá existia um jardim com flores e uma pequena capela. Tio Mário então, em pensamento, sugeriu à mamãe que caminhasse pela pequena praça e me falou:

"Sofia, deixe-a só. Pedi a colaboração de amigos que se prontificaram a me atender".

Observei quando um casal ainda jovem seguiu o mesmo trajeto de mamãe. Estavam abraçados e pensativos. Um espírito que exercia a função de amiga espiritual deles os seguia. Ao passarem por mamãe, que chorava convulsivamente recostada em uma árvore, a jovem senhora não se conteve. Sob a influência da amiga espiritual, ela se aproximou e falou:

– O que foi minha, senhora? Por que tantas lágrimas?

Mamãe se levantou, descobriu os olhos e fitou o rosto também marcado pelas lágrimas da jovem senhora, comentando:

– Pelo que posso notar, você também estava chorando. Será que sua dor é igual à minha?

A jovem senhora, sempre sob a influência da amiga espiritual, comentou alguma coisa com o companheiro, que se afastou em direção a uma porta. Ela se voltou para mamãe e falou:

– Vamos nos sentar aqui para conversar. Meu irmão tem de resolver alguns assuntos ali na administração. Podemos aproveitar esse tempo para nos conhecermos.

– Você tem algum parente internado aqui, minha jovem? – perguntou mamãe.

– No momento não, minha senhora. Mas já tive.

– Você é que é feliz. Imagine você que minha filha de dezesseis anos está internada aqui e, pelo que já entendi, não há mais esperança. Acho que vamos perdê-la.

Nesse momento o irmão da jovem senhora se aproximou e falou:

– Helena, preciso de você lá na administração. Só você pode assinar os papéis!

– Eu já vou, Ricardo. Me aguarde lá.

Voltando-se para mamãe, ela comentou:

– É meu irmão. Ele tem sido meu amparo nos momentos mais difíceis. Se não fosse ele, não sei como conseguiria vencer toda luta pela qual eu tenho passado.

E, como o jovem voltou a solicitar sua presença, ela voltou-se para mamãe, deu-lhe um abraço e comentou:

– Agradeça a Deus, minha senhora, por ter podido ter sua filha por dezesseis anos. Meu filho morreu esta manhã. Ele tinha apenas cinco anos. Não faz um ano eu enterrei meu marido vítima do mesmo mal. Deus sabe o que faz. Minha vida agora está em Suas mãos, pois presumo que também sou portadora da mesma doença que os vitimou. A senhora notou que eu estava chorando, mas não era de revolta ou desespero: era apenas a saudade antecipada que estava me incomodando. Vá, minha senhora, fique ao lado de sua filha e aproveite o tempo que lhe resta. O amanhã só a Deus pertence.

A jovem senhora deu um beijo carinhoso no rosto de mamãe e se afastou, deixando-a em choque. Induzida por tio Mário, mamãe se dirigiu a uma pequena sala. Lá chegando, constatou ser ali um pequeno necrotério. O corpo de um menino de aproximadamente cinco anos estava colocado sobre a mesa com algumas flores a enfeitar-lhe.

Mamãe, ainda mais assustada, voltou imediatamente para meu quarto e, após tomar um copo de água, se dirigiu a Nair:

– Dona Nair, sem querer entrei no necrotério. Tem o corpo de um menino lá. Tão novo. Que coisa mais triste de se ver!

– Ele morreu hoje cedo, dona Leda. Estava internado há mais de trinta dias. O pai dele morreu aqui também há quase um ano. É um quadro triste, mas é a realidade e não temos como fugir dela!

– Para mim é muito difícil aceitar a morte. Olho para minha Sofia e fico sem saber como reagiria se ela viesse a falecer.

– Temos de estar preparados para tudo nessa vida, dona Leda. E só em Deus conseguimos forças para superar determinadas situações.

– Meu marido me contou o drama que a senhora viveu anos atrás. Perder um familiar já é difícil. Imagino perder o marido e a única filha! Tenho uma conhecida, que por sinal virá visitar Sofia hoje, que também perdeu uma filha, isto é, perdeu em termos, pois a filha desapareceu e ela não sabe se foi raptada ou se está morta. Ela é da religião espírita e dona de uma fé inquebrantável, por isso a convidei para vir visitar Sofia e fazer uma oração por ela.

Enquanto mamãe prosseguia seu diálogo com Nair, tio Mário se aproximou de mim e comentou:

"Ela irá superar, Sofia. Lá no íntimo ela já está preparada. Confiemos em Deus. Espero que você agora esteja mais confiante, minha menina!"

"Oh, tio Mário! Foram tantas coisas nos últimos dias que já estou ficando sem forças e ansiosa para tudo terminar. Tenho pedido a Deus que me perdoe e me ampare para que tudo termine bem."

Bateram à porta e Selminha correu para atender. Ela voltou e dirigiu-se à mamãe:

– É para a senhora, dona Leda.

A convite de mamãe, uma senhora entrou no quarto e mamãe falou:

– Deixe-me apresentá-la a todos. Esta é Sofia, que está descansando agora por recomendação médica. Este é meu marido.

Enquanto mamãe fazia as apresentações, tio Mário chamou minha atenção para a porta de entrada. Foi quando a sorridente Marly teve acesso ao quarto e nos abraçou:

"Fiz o que pediu, irmão Mário. Trouxe os detalhes para Sofia me ajudar".

Voltando-se para mim, Marly falou:

"Sofia, esta é dona Carmem, minha mãe!"

15

– Que coisa linda, Sofia! Se a morte for assim tão bonita, não tenho medo dela, não.

A Justiça de Deus não mede esforços quando registra sua intervenção em nossa vida. Ali estava a mãe de Marly, que tinha ido levar-me o benefício das vibrações fraternas de uma prece e receberia as respostas que esperava há tantos anos.

Fui despertada por Nair já quase no término do horário de visita:

– Sofia, minha filha, suas visitas já vão embora. Converse um pouco com elas.

Abri os olhos e pedi desculpas a todos por deixá-los sem minha presença. As mudanças eram muitas, e tinha dificuldade em me manter acordada. Chamei por Nair e lhe confidenciei o que se passava.

– Não se preocupe, menina. É efeito do remédio. Acho bom você voltar a descansar enquanto tem vontade.

– Não, Nair. Quero ficar mais um pouco com meus pais.

– Você é quem sabe, menina. Você é quem sabe!

Papai se aproximou de meu leito, acomodando-se em uma cadeira bem perto de mim.

– Papai, pense bem em tudo o que lhe falei e não deixe de cumprir o que o senhor prometeu.

– Eu o farei, minha filha. Prometo.

– Vou deixar Selminha com algumas incumbências e gostaria que o senhor a auxiliasse nas resoluções.

– Você está falando como se fosse viajar, Sofia. Pare de pensar nessas coisas!

– Papai, é um mundo maravilhoso para onde todos vamos. Tenho feito muitas incursões por lá nos últimos dias, e sempre em boa companhia.

– Acho melhor mudarmos de assunto, menina. Não estou gostando nada dessa conversa.

– Oh, papai. O senhor é tão bom para mim! Eu lhe agradeço por tudo! Dona Rosalinda também agradece. Ela está muito feliz.

– Sofia, já está na hora de irmos embora. Amanhã estaremos de volta. Fique com Deus, minha filha. Deus a abençoe!

– Seja paciente com mamãe. Ela precisa de tempo para aceitar os fatos. Promete, papai?

– Prometo, Sofia. Agora fique com Deus.

Pude notar a dificuldade de papai em conter as lágrimas. Com muita dificuldade, consegui levar minha mão até o seu rosto e enxugá-las. Papai pegou minha mão, beijou-a e se afastou, permitindo que os outros se despedissem de mim. Quando dona Carmem se aproximou, não me contive e falei:

– Deus lhe pague pela prece, dona Carmem. Nossa querida Marly lhe pede a bênção e manda-lhe um beijo.

Dona Carmem, ao lado de mamãe, empalideceu, apoiando-se no ombro da amiga. Mamãe, na tentativa de amenizar a situação, comentou:

– Não se assuste, dona Carmem. Minha Sofia está sob efeito de medicamentos e tem algumas alucinações.

– Mamãe, a verdade é sempre a verdade. Não importa como a vemos ou a ação que fazemos para modificá-la.

– Sofia, minha filha, Marly é a filha de dona Carmem que desapareceu há alguns anos.

– Eu sei, mamãe. Ela é uma linda moça, com um grande coração.

Mamãe não entendeu nada. Despediu-se rapidamente de mim e saiu abraçada a dona Carmem, seguida por papai. Selminha então se aproximou e comentou:

– Não sei o que está se passando em sua cabeça, Sofia. Foi outro sonho?

– Foi, Selminha. E, como os outros, foi cheio de realidade e compromisso. Mas é sempre possível notar a presença de Deus nesses sonhos.

– Então não vou embora. Vou ficar mais um pouco para você me contar o sonho enquanto o escrevo em nosso diário. Isso se Nair deixar.

– Nair, me faça um favor: preciso conversar um pouco mais com Selminha. Você nos dá cobertura?

– Vou lá na portaria conversar um pouco com eles e evitar que venham conferir o quarto. Está bem assim?

– Sua presença não nos atrapalha, Nair. Mas, se você acha que é melhor sair, tudo bem.

Nair saiu do quarto e Selminha apoiou-se no meu leito, fazendo-o de mesa para que pudesse escrever. Enquanto ditava à Selminha todo o ocorrido, como vinha fazendo, notei que ela estava chorando:

– O que foi Selminha? Por que as lágrimas?

– Não é nada, não, Sofia. Mas alguma coisa me diz que estamos chegando ao último capítulo desta história.

– Esta é uma história sem fim, Selminha! Ela tem passado, presente e futuro, mas não tem fim. Somos imortais, minha amiga. Nossa alma é imortal e nosso amanhã está cheio de reencontros, como diz o tio Mário. Tudo o que lhe ditei é a pura verdade, minha amiga. As descobertas, os reencontros, nosso passado. Tudo é verdade, Selminha! Não é simplesmente uma história. É a nossa história!

– Eu acredito, Sofia, mas já sinto saudade de você e sei que você vai partir em breve.

– Selminha, tio Mário está ali naquela cadeira e comenta que o amanhã aqui na Terra certamente nos dará a grande oportunidade do reencontro.

– Muitas histórias foram contadas e registradas aqui no nosso diário, mas você reparou que eu não fui citada nem uma vez?

Não tive resposta para Selminha. Realmente ela tinha razão. Onde estava sua presença em minha vida? Onde estava a fonte de nossa amizade? Onde estava a origem dos sentimentos que nos aproximavam?

Tio Mário então me despertou para a realidade de sua presença com um simples raspar de garganta e eu lhe perguntei:

"Onde, tio Mário? Quando?"

"Bem, Sofia, primeiramente acalme Selminha e diga-lhe que tenho por ela grande apreço. Laços profundos e sólidos nos unem. Diga-lhe também que vamos conversar um pouco e que você, Sofia, será nossa intérprete. É pouca coisa, minha menina!"

Realmente Selminha estava bastante assustada quando lhe transmiti as palavras de tio Mário, mas concordou em ouvir:

– Selminha, minha amiga e querida irmã do passado. Muitos séculos registram nossa história de aprendizado na Terra, fortalecendo o carinho que nos une. Dentro em pouco seu compromisso durante esta passagem de Sofia pela Terra estará encerrado, quando o amanhã reservará para as duas grandes possibilidades de reencontro. Você se lembra do pai da srta. dona Menina? O mercador de escravos para o qual a filha era a escrevente e cuidava de todas as anotações? Hoje os papéis se inverteram: a filha dita e ele escreve. Pai e filha no ontem retornaram como amigas do coração. Deus lhe pague Selminha, e aceite o meu beijo de carinho.

Estávamos pasmas. Como podia ser? Preferimos não pensar nos detalhes e nos abraçamos, solidificando ainda mais, nessa transfusão de sentimentos, os elos que nos uniam no presente. Choramos muito, e então, após nos refazermos, Selminha me confidenciou sua preocupação com minha saúde:

– Você quase não consegue falar, Sofia! Quando eu a abracei, você não conseguiu levantar os braços; dependeu da minha ajuda.

– Selminha, peça à sua mãe para deixar você passar a noite de hoje comigo! Alegue que Nair está muito cansada e que você se ofereceu para me fazer companhia. Tenho certeza de que ela vai deixar.

– Vou fazer isso, Sofia. Estou de férias mesmo, portanto não existe empecilho! Acho melhor então eu ir agora. Assim você aproveita e descansa um pouco, para logo mais conversarmos muito. Mas e Nair? Será que ela vai concordar?

– Deixe Nair por minha conta. Quando sair, arranje um jeito de chamá-la. Pode deixar que converso com ela.

– Está bem, Sofia, mas eu não posso passar pela portaria, não; já está fora do horário de visita.

– Então esqueça. Antes de você sair, toque a campainha para mim. Se não for Nair a atender, mandarei chamá-la. Vá, Selminha. Quanto mais cedo for, mais cedo voltará!

Tanto os pais de Selminha quanto Nair foram convencidos de que essa seria uma atitude benéfica para mim e concordaram. Selminha chegou por volta das seis e meia da tarde, com tanta bagagem que parecia que ia viajar. Já àquela hora um sentimento de adeus tomava conta de meu coração, deixando-me apática entre sentimentos de alegria e tristeza. Minha respiração estava mais difícil e um torpor acompanhado por calafrios percorria-me todo o corpo em pequenos intervalos.

Perguntei à Selminha as horas e ela me respondeu:

– São onze e quinze, Sofia. Você está dormindo desde a hora que cheguei e ainda não conversamos nada.

– Selminha, minha amiga. Acho que conversaremos pouco hoje. Algo me diz que estou de partida. Vejo tantas luzes, tantas pessoas em meu derredor.

– Você ainda deve estar sonhando, Sofia. Acho melhor você me contar esse sonho para que eu possa escrevê-lo.

– Vi uma grande estrada, Selminha, toda iluminada e florida, e no fim desta vi um ser muito iluminado. Parecia ser Jesus. Não aquele pregado na cruz, mas um Jesus diferente, com as mãos estendidas em minha direção. Ao longo dessa estrada, muitas pessoas me acenavam: papai, mamãe, Nair, você, dona Lucy – nossa professora –, e dona Carmem. Eram muitos, Selminha, e eu sabia que era uma despedida. Enquanto isso, aquele Jesus diferente sorria e me dizia. "Sofia, eu sou o caminho, a verdade e a vida. Venha, Sofia. O Senhor, meu Pai, a fará deitar em verdes campos sob Sua proteção!" Aí eu acordei, Selminha. Mas tenho certeza e convicção desse meu sonho.

– Que coisa linda, Sofia! Se a morte for assim tão bonita, não tenho medo dela, não.

"Só mesmo Selminha com sua maneira simples de falar e ver as coisas para me fazer sorrir num momento desse", pensei.

"Sofia", falou tio Mário. "A simplicidade de Selminha não descaracteriza a realidade do momento, mas exalta nossa fé em Deus. Amanhã a vida continuará, como o rio que segue seu curso, e você verá as novas cores do Sol, quando já despertará em nosso meio. Você já iniciou sua caminhada na estrada que viu, e todos nós a aguardamos ansiosos."

As palavras de meu tio não me causaram nenhuma surpresa ou espanto, e no meu íntimo pedi a Deus forças para vencer meus últimos momentos naquele corpo doente.

16

– É difícil ficar perto de você sem sorrir, minha amiga. Você não ouve as vozes? Não pare de escrever.

– Vamos, Sofia. Conte-me mais!

– Minha amiga, nada mais tenho a contar de meu sonho, mas vejo muitas luzes, ouço muitas vozes e sinto uma paz muito grande.

– Acho que vou acordar Nair, Sofia. Você está tão esquisita!

– Não faça isso, Selminha. Deixe Nair descansar um pouco mais! Conforme disse tio Mário, a vida vai continuar, e então amanhã eu já terei passado por ela, farei parte do ontem!

"Sofia", tranquilizava-me tio Mário. "Os dias passam obedecendo ao calendário do tempo, mas a vida continua e você não será parte do ontem como afirma. Não se esqueça de que seu corpo é apenas a gaiola que aprisiona o pássaro, que sua alma é eterna como é o amor de Deus para conosco. Não esmoreça, minha menina. É apenas uma transição."

– Obrigada, tio Mário. Que Jesus me perdoe por fraquejar!

– Sofia, eu não vim aqui para ficar de fora da conversa, não! Com quem você está falando?

– Minha querida amiga. Ficarei com você o máximo de tempo possível, mas vai chegar um momento em que, embora a chama da vida esteja alimentando meu corpo, eu já não poderei falar com você. Prometa-me que irá ler nosso diário para as pessoas que vou lhe indicar, mas somente depois que eu partir, na noite de Natal. Prometa que vai ser muito feliz, que vai casar e ter filhos. É preciso que você tenha filhos para cumprir sua missão aqui na Terra. Isso quem me afirmou foi o tio Mário! Eu estarei sempre por perto, alimentando o amor que nos une há tanto tempo. Marly acabou de chegar com muitos amigos. Eles cantam hinos e sorriem.

– Pare de falar um pouco, Sofia. Você está tão cansada!

– Não posso, Selminha. O relógio não para e daqui a pouco já é dia vinte e dois. Continue a escrever, minha amiga. Mamãe, papai, vocês estarão se perguntando: "Vai acabar assim? E a última página?" A última página será escrita pelo futuro, quando a vida nos oferecer a oportunidade de estarmos juntos novamente. Hoje já me faltam forças até mesmo para ditar à Selminha o que ela deve escrever. A porta da gaiola já se abriu. Custa-me conter a vontade de sair e alçar voo com toda a plenitude de minhas forças, obtida no amor de vocês e na proteção carinhosa de Deus, nosso Pai. Há toda uma eternidade à minha frente, papai. Mamãe, é a vida que nasce: amigos, família, estudo, pessoas, lares, flores, Sol e Deus. É tudo o que me espera nessa mudança de lado. Eu os amo muito. Sempre amarei. Papai, mamãe, meu beijo de agradecimento por terem sido meus pais. Até breve!

– Sofia, acho que vou chamar Nair. Não estou gostando nada disso. Sua voz está quase sumindo!

– Não precisa, Selminha. Tio Mário já está fazendo isso.

– O que foi, Selminha? – falou Nair preocupada. – Ela não está passando bem?

– Não sei, Nair, mas acho que minha amiga está morrendo.

– Nair, chegue mais perto. Eu a amo muito – falei com muita dificuldade. – Só Deus para definir o amor que tenho por você. Obrigada, muito obrigada, mamãe Nair, tia Nair.

– Fique calada, Sofia. Seu pulso está muito fraco. Toque a campainha, Selminha. Precisamos de um médico!

– Que horas são, Selminha?

– Meia noite e vinte, Sofia. Mas isso é momento de se preocupar com as horas, minha amiga?

– É difícil ficar perto de você sem sorrir, minha amiga. Você não ouve as vozes? Não pare de escrever.

– Eu não ouço nada, Sofia.

– Fique quieta, menina. Vamos transferi-la para o balão de oxigênio. Aguenta firme, minha menina. Não nos deixe ainda.

– Não posso. A porta da gaiola já está aberta e o pássaro não resiste mais. Oh, meu Deus, quanta paz! Selminha, minha amiga, então está combinado para a noite de Natal. Nós nos encontraremos lá em casa. Peça a ajuda de papai e reúna todos. Vou dormir, Nair, Selminha.

– Que Jesus a ampare! Vamos rezar, Selminha. Este pássaro não cantará mais preso na gaiola.

Conclusão
Palavras de Nina

Sofia desencarnou às primeiras horas do dia vinte e dois de novembro de 1962, tempos depois de se despedir de Nair e ditar para Selminha suas últimas vontades, entre elas a de que o diário fosse lido por esta, página por página, na noite de Natal daquele ano, quando presentes no plano físico estariam seus pais, Nair, duas colegas do colégio, dona Lucy, sua professora, e quatro espíritas, entre eles os pais de Marly. No plano espiritual estariam Mário, Sofia, Marly, alguns amigos e naturalmente esta que vos escreve, unida a todos pelos laços fraternos do amor de Jesus, que nos une como uma grande família, cuja origem está encoberta pela poeira dos séculos.

O diário de Sofia foi lido por Selminha na noite de Natal de 1962. Uma noite memorável e inesquecível para todos nós! No ano seguinte à sua leitura, este se perdeu em um desastre ecológico em que o lar de seus familiares foi envolvido. Hoje, com a permissão de sua protagonista principal, trinta e nove anos após terem se passado os fatos que relatamos aqui, e no ano em que nossa querida Sofia completa quinze anos de seu retorno à Terra, fomos convidadas por nosso querido irmão Mário para ajudá-lo a reconstituir este diário e trazê-lo a público, tendo por objetivo estimular o coração de vocês no amor a Deus e na fidelidade a Seus princípios, bem como no perdão, que nos conduz à realização do amor com Jesus!

De todos os citados, somente Nair já desencarnou, retornou ao nosso plano e exerce atividades espirituais em colônia próxima à nossa querida e saudosa "Campos", no interior do Estado do Rio de Janeiro. Os demais, cujo nome original foi preservado, ainda permanecem na escola da Terra em tarefas de aprendizado com Jesus. Com todo nosso amor, ontem, hoje e sempre, sua irmã em Cristo,

Nina Arueira

Livros de Gilvanize Balbino Pereira

Lágrimas do Sol
Romance histórico dos Espíritos Ferdinando e Tiago

No final do século 15, nos tribunais da "Santa Inquisição", homens, mulheres e crianças são injustamente condenados. Em Granada, no sul da Espanha, Joana entrega-se a Jesus. Um dia, a divina providência conduz Zarif, o mouro, até seu lar. O despertar do amor entre eles leva Joana a ver do que é capaz a maldade dos homens e o alcance da misericórdia de Deus...

Lanternas do tempo
Romance histórico dos Espíritos Ferdinando e Bernard

Constantinus (280–337d.C) instituiu o Cristianismo a religião oficial do Império Romano. Graças a ele, as perseguições contra os cristãos terminaram. Quem foi esse homem? O que o levou a expor-se em defesa dos cristãos? Neste romance – que revela o que aconteceu nos bastidores – conheça a mulher a quem o imperador entregou o coração e o destino dessa paixão...

Verdades que o tempo não apaga
Romance histórico dos Espíritos Ferdinando, Tiago e Bernard

Em 1558, os tribunais da "Santa Inquisição" condenam aqueles que contrariam a Igreja. Na França, o livreiro Jacques arrisca a vida divulgando o *Evangelho* renegado, mas antes de cair nas garras dos inquisidores envia os originais a Bernard, em Barcelona. O que há nos *Evangelhos* apócrifos que justificasse tanta perseguição? Veja neste emocionante romance...

Se você quiser conhecer todos os nossos títulos, e se interessar em receber um catálogo, sem compromisso, envie seus dados para Caixa Postal: 67545 – Ag. Almeida Lima – CEP 03102-970 – São Paulo – SP ou se preferir via e-mail: petit@petit.com.br

Livros da Patrícia

Psicografados por Vera Lúcia Marinzeck de Carvalho

Violetas na janela

O livro espírita de maior sucesso dos últimos tempos – mais de 1,6 milhão de exemplares vendidos! Você também vai se emocionar com este livro incrível. Patrícia – que desencarnou aos 19 anos – escreve do outro lado da vida, desvendando os mistérios do mundo espiritual.

Vivendo no mundo dos espíritos

Depois de nos deslumbrar com *Violetas na janela*, Patrícia nos leva a conhecer um pouco mais do mundo dos espíritos, as colônias, os postos de socorro, o umbral e muito mais informações que descobrimos acompanhando-a nessa incrível viagem.

A casa do escritor

Patrícia, neste livro, leva-nos a conhecer uma colônia muito especial: A Casa do Escritor. Nesta colônia estudam espíritos que são preparados para, no futuro, serem médiuns ou escritores. Mostra-nos ainda a grande influência dos espíritos sobre os escritores.

O vôo da gaivota

Nesta história, Patrícia nos mostra o triste destino daqueles que se envolvem no trágico mundo das drogas, do suicídio e dos vícios em geral. Retrata também o poder do amor em benefício dos que sofrem.

Se você quiser conhecer todos os nossos títulos, e se interessar em receber um catálogo, sem compromisso, envie seus dados para Caixa Postal: 67545 – Ag. Almeida Lima – CEP 03102-970 – São Paulo – SP ou se preferir via e-mail: petit@petit.com.br